Christian Chavagneux
Ronen Palan

Les paradis fiscaux

La Découverte
9 *bis*, rue Abel-Hovelacque
75013 Paris

ISBN 2-7071-4857-1

Si vous désirez être tenu régulièrement informé de nos parutions, il vous suffit d'envoyer vos nom et adresse aux Éditions La Découverte, 9 *bis*, rue Abel-Hovelacque, 75013 Paris. Vous recevrez gratuitement notre bulletin trimestriel ***À la Découverte***. Vous pouvez également retrouver l'ensemble de notre catalogue et nous contacter sur notre site **www.editionsladecouverte.fr**.

« Ces hauts lieux et bas-fonds de la finance internationale que sont les paradis fiscaux »,

Alain VERNAY, journaliste,
Les Paradis fiscaux, 1968.

Introduction

Écrire un livre sur les paradis fiscaux présente un avantage : on est toujours dans l'actualité ! Pour qui regarde un peu régulièrement la presse française et internationale, pratiquement pas une semaine ne se passe sans que, dans telle ou telle partie du monde, un paradis fiscal ne soit impliqué dans une faillite d'entreprise scandaleuse, un détournement d'argent, un pot-de-vin, un financement occulte de parti politique, un réseau mafieux, etc., toutes sortes d'histoires liées, comme l'écrivait l'éditorialiste du *Figaro* Alain Vernay dès 1968, aux « bas-fonds de la finance mondiale ». Il prenait pourtant également soin de préciser que ces « centres financiers offshore », comme on les appelle pudiquement dans les enceintes des grandes organisations internationales, constituent également les hauts lieux de la finance mondialisée.

Le rôle des paradis fiscaux dans la mondialisation est de fait bien plus important que les échos de fraude fiscale et de blanchiment d'argent qui nous en parviennent. Qui sait, par exemple, que les îles Caïman sont le quatrième centre financier mondial ? Ou que les petites îles britanniques et des Caraïbes reçoivent plus d'investissements des multinationales américaines que la Chine... pays dans lequel les îles Vierges britanniques investissent plus que les États-Unis ? Que certaines de ces îles sont en train de s'imposer parmi les leaders mondiaux de l'assurance, du transport maritime, des jeux en ligne ?

Si toutes les grandes banques françaises (comme leurs consœurs étrangères) sont présentes dans au moins une quinzaine de paradis fiscaux, ce n'est pas seulement pour y participer à des mécanismes élaborés de fraude fiscale. Ce livre veut montrer que le développement du rôle des centres financiers offshore depuis les années 1960 s'inscrit dans la dynamique du capitalisme contemporain, dans sa partie financière mais également dans sa partie productive. Les paradis fiscaux sont tout bonnement l'un des piliers sans lequel la mondialisation économique contemporaine ne pourrait pas fonctionner.

Le premier chapitre précise ce que sont les paradis fiscaux, comment ils s'insèrent dans l'économie mondiale et quelle est l'ampleur du phénomène dans la mondialisation contemporaine. On y verra que les statistiques officielles disponibles, bien qu'extrêmement partielles, donnent déjà des éléments surprenants quant au poids de ces centres financiers très particuliers. Le deuxième chapitre explique comment on a pu arriver à cette situation où des territoires offrant opacité financière, fiscale et juridique ont pris une telle importance. De la fin du XIXe siècle, où ils commencent à construire leurs caractéristiques, à leur boom des années 1960-1970, le livre retrace les étapes politiques qui ont soutenu leur émergence et leur développement. Le troisième chapitre décrit dans le détail qui sont les utilisateurs des paradis fiscaux et présente les instruments qu'ils utilisent pour opérer dans l'économie mondiale. Enfin, le quatrième chapitre passe en revue les politiques publiques qui ont été menées pour lutter contre ces États parasites et explique pourquoi elles n'ont abouti à rien jusqu'à présent. On y découvrira que l'Union européenne est aujourd'hui la zone la plus avancée dans l'établissement des principes d'une remise en cause possible des paradis fiscaux.

Un sujet peu analysé

En dépit de leur rôle clé dans la mondialisation, les paradis fiscaux restent un sujet peu analysé. Il y a quelques années encore, les seuls à s'y intéresser étaient ceux qui les utilisent et leurs experts, comptables, juristes, cabinet de conseils, fiscalistes. Puis les mouvements sociaux internationaux en ont fait l'un de leurs axes de lutte contre la mondialisation libérale, en même temps que certains hommes politiques (les députés socialistes Arnaud Montebourg et Vincent Peillon en France, le sénateur démocrate Carl Levin aux États-Unis, etc.) le retenaient comme l'un de leurs chevaux de bataille. Mais, en dépit de leur rôle croissant comme rouage essentiel d'une mondialisation par ailleurs largement étudiée et commentée, le sujet reste étonnamment peu couvert par les chercheurs. Les premiers qui auraient dû s'y pencher, les spécialistes des questions financières internationales, demeurent encore aujourd'hui très en retard dans le domaine.

La littérature économique les considère soit comme une réponse normale à la surtaxation dans les pays riches, soit comme une manifestation comme une autre de l'économie informelle, ce qui, dans un cas comme dans l'autre, représente une version erronée. Après la mobilisation politique antiparadis fiscaux du tout début des années 2000 (voir chapitre IV), quelques économistes américains se sont — un peu — intéressés au sujet. Mais le thème reste négligé par la profession qui n'y voit généralement qu'activités marginales et criminelles, suivant en cela Léon Walras, qui écrivait dans ses *Éléments d'économie politique pure*, « qu'une substance soit recherchée par un médecin pour guérir un malade, ou par un assassin pour empoisonner sa famille, c'est une question très importante à d'autres points de vue, mais tout à fait indifférente au nôtre ».

Même chose du côté des politistes travaillant sur les relations internationales. Ceux qui font de la science politique pure ne s'intéressent pas à un sujet censé être réservé aux économistes. Du côté des spécialistes des questions criminelles, les travaux de Tom Naylor [1987] [1], par exemple, fournissent une analyse détaillée et convaincante du rôle joué par les réseaux mafieux dans la construction des paradis fiscaux. Mais il y manque l'étude des conditions institutionnelles et politiques historiquement situées qui ont permis à ce type de stratégies de s'épanouir.

Enfin, les trois écoles d'économie politique internationale (EPI), qui cherchent à proposer une analyse du pouvoir dans la mondialisation en combinant analyses économiques et politiques [Chavagneux, 2004], abordent le sujet différemment. L'étude des pratiques financières des centres offshore est considérée hors du domaine d'intérêt de l'approche traditionnelle d'origine américaine pour qui ces territoires ne sont que des nains politiques sans armée, à faible population, petit territoire, etc., c'est-à-dire supposés sans ressource politique pour peser dans le concert des nations mondiales.

Les approches d'EPI d'origine canadienne expliquant les caractéristiques de la mondialisation par la mise en œuvre de stratégies transnationales de classes dirigeantes à même de contrôler l'État et le système productif abordent peu le sujet. Elles mentionnent le développement des pratiques offshore (paradis fiscaux, pavillons de complaisance, zones franches) comme l'un des éléments de la mondialisation néolibérale. À notre connaissance, elles ne fournissent pas d'explication permettant d'établir un lien direct entre la naissance des caractéristiques des paradis fiscaux, leur développement et la mondialisation contemporaine qui, d'ailleurs, pour afficher un degré croissant de déréglementation, n'en reste pas moins assez peu libérale (tendance à la concentration du capital des entreprises, cartels, subventions agricoles, etc.).

Enfin, les approches d'EPI issues des travaux d'origine britannique cherchent à prendre la mesure de la finance offshore en combinant, dans une perspective historique, les

1. Les références entre crochets renvoient à la bibliographie en fin d'ouvrage.

analyses des transformations de la souveraineté des États et celles du capitalisme contemporain [Palan, 2003]. C'est dans cette ligne que se situe cet ouvrage.

« Les candidats à la fortune abandonnent trop fréquemment les chemins de la vertu ; car malheureusement la route qui mène vers l'une va parfois dans la direction opposée à celle qui mène vers l'autre »,

Adam SMITH, philosophe,
Théorie des sentiments moraux, 1759.

I / Au cœur de la mondialisation

Bien que l'expression « paradis fiscaux » soit souvent employée, il n'est pas facile de définir ce qu'elle désigne. Au sens le plus général, ce sont des pays dans lesquels des résidents étrangers, riches individus et entreprises, placent leur argent afin d'éviter d'être imposés sur leur territoire d'origine. Cette définition désigne en fait plusieurs types de pays. Il y a ceux auxquels on pense spontanément, un ensemble de petites économies insulaires, de Jersey aux Bahamas en passant par Nauru, dont les régimes fiscaux ont été constitués avec l'intention avouée d'attirer les non-résidents et qui en font la publicité dans les magazines économiques internationaux.

Mais un certain nombre d'autres pays, généralement considérés aussi comme des paradis fiscaux, comme la Suisse, le Luxembourg ou le Liechtenstein, en refusent l'étiquette. Ces économies présentent de fait des systèmes fiscaux complexes, variés et réglementés. Elles tendent néanmoins à « oublier » que leurs lois fiscales présentent certaines caractéristiques qui les rendent très attractives aux yeux des détenteurs de capitaux étrangers. On verra dans le chapitre II comment la Suisse a renforcé son secret bancaire dans les années 1930, certains de ses cantons (celui de Zuk en tête), offrant dès les années 1920 la possibilité de constituer des sociétés garantissant l'anonymat de leurs dirigeants. La Suisse est ainsi devenue le symbole de ces territoires attirant cette *hot money* comme disent les Anglo-Saxons, des capitaux se déplaçant souvent dans la finance mondiale et dont les propriétaires, du criminel au dictateur en passant par le fraudeur fiscal, ne souhaitent pas qu'ils puissent être identifiés. Dans ces pays, le secteur financier représente de 20 % à 40 % du produit intérieur brut (PIB) du pays, une part largement supérieure à ce que le simple financement de l'économie domestique aurait réclamé.

Il existe une troisième catégorie de paradis fiscaux qui rend leur définition assez problématique. À bien y regarder, de nombreux pays, comme par exemple, en Europe, l'Autriche, les Pays-Bas ou le Royaume-Uni avec la City de Londres, présentent de nombreuses caractéristiques de paradis fiscaux. Les États-Unis et le Japon ont également créé des mécanismes effaçant la frontière entre activités offshore et onshore. On verra par exemple comment, devant le Japon, la Chine, la France ou l'Allemagne, d'autres territoires comme les Pays-Bas, l'Irlande ou la Suisse apparaissent en tête des destinations des investissements directs à l'étranger des multinationales des États-Unis.

Enfin, de par la complexité des systèmes fiscaux modernes, chaque pays peut potentiellement devenir un paradis fiscal pour ses voisins. C'est pourquoi le rapport Gordon remis en 1981 au Trésor américain est arrivé à la conclusion, reprise depuis par les spécialistes, selon laquelle « il n'y a aucun test objectif et clair qui permette l'identification d'un pays comme un paradis fiscal » [Gordon, 1981, p. 21]. Ce qui laisse la porte ouverte à de nombreuses définitions, officielles et non officielles, chacun mettant en avant telle ou telle caractéristique correspondant à son domaine d'intervention.

Les définitions officielles

Les définitions adoptées par les institutions internationales partagent toutes la même caractéristique : éviter que les pratiques des grandes places financières puissent être montrées du doigt et privilégier les définitions étroites et floues amenant à pouvoir stigmatiser les comportements les plus répréhensibles.

La Banque des règlements internationaux (BRI) retient l'appellation de « centres financiers offshore » dans laquelle elle classe les territoires dont les activités n'ont pas crû de « manière organique », c'est-à-dire organisée. La BRI n'est pas claire pour autant sur ce qu'elle considère comme « organisé » ou non. La place financière de Londres n'est ainsi pas considérée comme un paradis fiscal alors qu'elle abrite le marché des eurodollars, un marché offshore, peu régulé, non taxé, considéré de fait par la BRI comme une création « spontanée » alors que, comme on le verra de façon détaillée au chapitre II, la Banque d'Angleterre a joué un rôle primordial dans sa naissance comme marché offshore à la fin des années 1950. Partageant le même système juridique que celle de Londres, la place de Hong Kong a alors joué le même rôle en Asie. De même, les États-Unis en 1980 ont créé une *International Banking Facility*, une disposition légale permettant à leurs résidents de pouvoir bénéficier de services offshore, suivi par le *Japanese Offshore Market* en 1984 au Japon, qui ne sont pas comptabilisés par la BRI comme paradis fiscaux.

Selon le critère retenu par l'OCDE, un paradis fiscal est une juridiction imposant peu ou pas d'impôt sur les revenus de capitaux et qui présente en plus l'une des trois caractéristiques suivantes : un manque de transparence, un refus de fournir des informations aux autorités étrangères, la possibilité d'établir des entreprises fictives. L'OCDE concentre ainsi l'attention sur les plus récalcitrants des paradis fiscaux, ceux qui ne veulent même pas laisser l'illusion qu'ils sont prêts à coopérer.

Pour le Groupe d'action financière (GAFI), l'institution en charge de la lutte internationale contre le blanchiment d'argent mafieux, les paradis fiscaux sont des « pays ou territoires non coopératifs » dont la caractéristique première est d'être sous-réglementés : en matière financière, de coopération administrative internationale et de prévention, détection et répression du blanchiment de capitaux.

Pour le Forum de stabilité financière (FSF), les centres financiers offshore sont des « juridictions attirant un niveau élevé d'activité de la part de non-résidents ». Ils proposent une faible imposition, un régime peu contraignant d'enregistrement des entreprises, un niveau de confidentialité des transactions excessif et l'impossibilité pour les résidents d'avoir recours aux mêmes « avantages ». Cette caractérisation est proche de celle de l'économiste Richard Johns qui propose de définir les paradis fiscaux comme les pays engageant des politiques délibérées visant à attirer des activités internationales par la minimisation des impôts et la réduction de tout autre forme de restriction sur les opérations des entreprises [1983, p. 20]. Un type de définition intéressant car il met en avant deux propriétés importantes des paradis fiscaux. La première est que leur développement n'est pas spontané mais résulte de stratégies étatiques. Tous les paradis fiscaux offrent en effet la même caractéristique : l'utilisation de leur souveraineté pour façonner les lois (ou une absence de loi) répondant aux demandes de leurs clients. Les législations de nombreuses juridictions offshore sont ainsi le résultat de textes de lois écrits et proposés par les grands cabinets de conseils internationaux, les avocats ou par les représentants de groupes criminels (voir chapitre III).

La deuxième propriété repose sur la distinction entre les politiques traditionnelles d'attractivité du territoire et ce que proposent les paradis fiscaux : ces derniers créent leurs avantages comparatifs par un allégement de contraintes réglementaires de toutes sortes afin d'attirer des activités étrangères qui, sinon, n'auraient marqué aucun intérêt pour ces territoires.

Seul le FSF complète sa définition avec une troisième spécificité, essentielle, des paradis fiscaux. Elle tient à ce que ces centres financiers ne cherchent pas à ce que les entreprises qu'elles veulent attirer viennent s'installer, se délocaliser physiquement, sur leur territoire. Dans le cas des petites îles, comme Guernesey, elles découragent même toute forme d'implantation réelle. Les paradis fiscaux s'inscrivent dans la mondialisation en offrant une résidence juridique, fictive, à leurs clients.

Les dix critères pour reconnaître un paradis fiscal

Sur la base de quels critères peut-on tenter de définir le nombre des paradis fiscaux et leur poids dans la mondialisation contemporaine ? On l'aura compris, il n'existe pas de définition objective. Néanmoins, chacune des définitions existantes offre une caractérisation partielle qui conduit à minimiser leur rôle. Aussi proposons-nous dix critères qui permettent d'établir une liste rejoignant le consensus actuel d'environ quatre-vingts territoires considérés comme des paradis fiscaux actifs.

1) *Une taxation faible ou nulle pour les non-résidents* : une situation qui peut provenir soit d'un héritage historique (Monaco, Andorre...) mais qui est plus généralement le résultat d'une stratégie intentionnelle (territoires des Caraïbes, territoires dépendants de la Couronne britannique...). Cette caractéristique qui donne leur nom aux paradis fiscaux ne doit pas faire oublier que les situations sont, de ce point de vue, très diverses. Seule une petite minorité des paradis fiscaux n'ont aucun impôt sur le revenu ou sur les sociétés, tirant essentiellement leurs revenus de commissions. La plupart d'entre eux disposent d'un système fiscal complexe dont la principale caractéristique est de minimiser l'imposition uniquement sur les activités internationales des non-résidents. La place financière de Londres offre un lieu unique de moins-disant réglementaire qui permet le développement des marchés d'eurodevises (voir chapitre II) mais le total des recettes fiscales y représente l'équivalent de 36 % du PIB selon l'OCDE. De plus, certaines réductions d'impôts sont souvent réservées à

certains types d'opérations ou d'entreprises étrangères et pas à toutes (sur les différents instruments, voir chapitre III).

2) *Un secret bancaire renforcé* : la confidentialité des opérations financières est une pratique présente partout dans le monde. Les paradis fiscaux s'en distinguent en ce que non seulement leurs établissements financiers ne donnent pas d'information sur un de leurs clients à un autre client, mais par le fait qu'ils sont obligés, de par la loi, de ne pas révéler l'origine, la nature et le nom de leurs clients à leurs propres gouvernements. C'est le cas, par exemple, en Suisse, en Autriche, au Luxembourg. C'est cette caractéristique qui fait des centres financiers offshore un paradis pour les fraudeurs du fisc et le blanchiment d'argent criminel.

3) *Un secret professionnel étendu* : avocats, comptables et employés en tout genre sont soumis à un contrôle réglementaire strict (un contrôle de l'absence de contrôle...) du respect de la confidentialité concernant leurs clients et leurs opérations, y compris lorsqu'elles violent les lois de territoires étrangers.

4) *Une procédure d'enregistrement relâchée* : les entreprises souhaitant s'enregistrer sur les territoires concernés disposent d'une grande latitude quant aux informations qu'elles fournissent, certains territoires offrant la possibilité de constituer des sociétés avec des titres au porteur permettant de dissimuler l'identité véritable des actionnaires.

5) *Une liberté totale des mouvements de capitaux internationaux* : la nature de ses activités fait généralement d'un paradis fiscal un exemple parfait de marché libre pour ce qui est des transactions financières internationales.

6) *Une rapidité d'exécution* : l'implantation d'une entreprise peut être réalisée en un temps record. Dans certains territoires, des sociétés peuvent être achetées et mises en activité en moins de vingt-quatre heures. Un résident peut être proposé pour servir de directeur local moyennant une commission appropriée.

Tableau 1. **Une liste possible des paradis fiscaux**

Recommandés, 1re catégorie	**Recommandés, 2e catégorie**	**À utiliser**	**À éviter un peu**	**À éviter beaucoup**	**À éviter absolument**	**Territoires porteurs d'avenir**
Alderney (GB)	Anjuan	Antilles néerlandaises (Pays-Bas)	Belize	Canada	Cambodge	Afrique du Sud
Andorre	Athos (mont)	Autriche	Brunei	Ciskei	Montenegro	Abu Dabi
Anguilla (GB)	La Barbade	Danemark	Grenade	Groenland		Croatie
Antigua et Barbuda	Îles Canaries	États-Unis	Îles Pitcairn	Haiti		Corée du Nord
Bahamas	Îles Cook (Nouvelle-Zélande)	Grande-Bretagne	Jamaïque	Israël		Cuba
Bahreïn	Djibouti	Ingouchie	Jordanie	Malte		Dubai
Bermudes (GB)	Dominique	Luxembourg	Kiribati	Nouvelle-Calédonie		Jordanie
Campione d'Italia	Liban	Pays-Bas	Malte	Sainte-Hélène		Kaliningrad
Canton de Vaud	Madère		Nouvelle-Zélande	Singapour		Nossi-Bé
Chypre	Îles Marshall		Philippines	Uruguay		Palestine
Costa Rica	Montserrat (GB)		Saint-Martin	Vénézuela		Saint-Barthélémy
Gibraltar (GB)	Nevis		Saint-Pierre et Miquelon			Tanger
Guernesey (GB)	Niue		Samoa occidental			
Hong Kong	Oman		Seychelles			
Îles Caïman (GB)	Saint-Vincent et les Grenadines		Sri Lanka			
Île de Man (GB)	Tel Aviv		Svalbard			
Îles Vierges britanniques (GB)	Îles Vierges américaines		Tonga			
Île Maurice	Vanuatu		Trieste			
Irlande			Tunisie			
Jersey (GB)			Vatican			
Labuan (Malaisie)						
Liberia						
Liechtenstein						
Macao						
Monaco						
Nauru						
Panama						
Polynésie française						
Sark (GB)						
Turks et Caicos (GB)						

7) *Le support d'un grand centre financier* : une infrastructure de haut niveau en matière de technologie de l'information reliée à un centre financier d'importance est primordiale. L'argent ne reste généralement pas longtemps dans les paradis fiscaux, il y est en transit.

8) *Une stabilité économique et politique* : essentielle pour ce genre d'activités.

9) *Une bonne image de marque* : le nom du territoire ne doit pas être (trop) associé à des opérations de corruption ou de blanchiment d'argent criminel.

10) *Un réseau d'accords bilatéraux* : les paradis fiscaux ont généralement signé des conventions avec les grands pays permettant d'éviter une double taxation des filiales d'entreprises.

L'absence de toute définition stable des paradis fiscaux conduit bien évidemment à des estimations différentes de leur nombre. Celles-ci vont de quinze territoires repérés à un moment donné par le GAFI jusqu'à près de cent par tel ou tel expert. La liste qui précède ne recherche pas l'exhaustivité mais, comme elle est établie par un professionnel de l'utilisation des paradis fiscaux, il nous a semblé qu'elle était, en même temps que la classification qu'elle proposait, un bon reflet des territoires qui comptent.

L'ampleur du phénomène

Il est dans la nature des paradis fiscaux que la mesure exacte de leurs activités soit difficile à établir. Leur image est immédiatement associée à l'argent du crime, à la fraude fiscale, etc. Cela correspond sans nul doute à une part de leur activité. Néanmoins, le phénomène contemporain des paradis fiscaux ne peut être appréhendé correctement en se focalisant sur ces seuls terrains. Certaines statistiques sont disponibles à l'aune de plusieurs sources (voir encadré) qui illustrent la place

Les sources d'information

Cinq grandes sources d'information sont disponibles pour tenter une estimation du poids des paradis fiscaux. Plusieurs organisations internationales (la BRI, la CNUCED, etc.) fournissent des statistiques qui, pour être incomplètes ou biaisées comme on l'expliquera, n'en donnent pas moins quelques renseignements. Ne couvrant pas tous les pays pouvant être classés comme paradis fiscaux, ces données minimisent le phénomène.

La deuxième source est les paradis fiscaux eux-mêmes : la majorité d'entre eux publient des rapports annuels indiquant le nombre d'entreprises, de banques, etc., en activité sur leur territoire. Avec une tendance à la surestimation afin de suggérer une attractivité supérieure à celle de leurs concurrents directs.

La troisième source repose sur les banques, les cabinets d'audit et de conseils financiers qui publient régulièrement des études sur un sujet qu'ils connaissent bien ! Leurs informations, orientées dans le sens de la conquête de nouveaux clients, permettent de se faire une idée des principaux problèmes de l'heure liés à l'utilisation des paradis fiscaux.

Une quatrième source est représentée par les services fiscaux des pays riches qui proposent régulièrement leurs propres estimations du phénomène.

Enfin, certaines associations citoyennes, comme le Tax Justice Network ou comme ATTAC en Allemagne et en France contribuent également aux tentatives d'estimation de l'ampleur du phénomène. Quelques rares universitaires et analystes contribuent au débat.

essentielle prise par les paradis fiscaux dans le fonctionnement du capitalisme d'aujourd'hui.

Paradis fiscaux et activités bancaires internationales

Au milieu des années 1990, le FMI a publié une étude [Cassard, 1994] indiquant que les paradis fiscaux voyaient passer environ la moitié des flux financiers internationaux. L'estimation mérite d'être précisée. L'autorité statistique en la matière est la Banque des règlements internationaux (BRI) dont on a déjà souligné plus haut la définition restrictive qu'elle adopte des paradis fiscaux. Ainsi, alors que les professionnels utilisateurs listent près de quatre-vingts territoires

Graphique 1. **Les paradis fiscaux dans la finance internationale**
(en % de la position extérieure nette des banques)

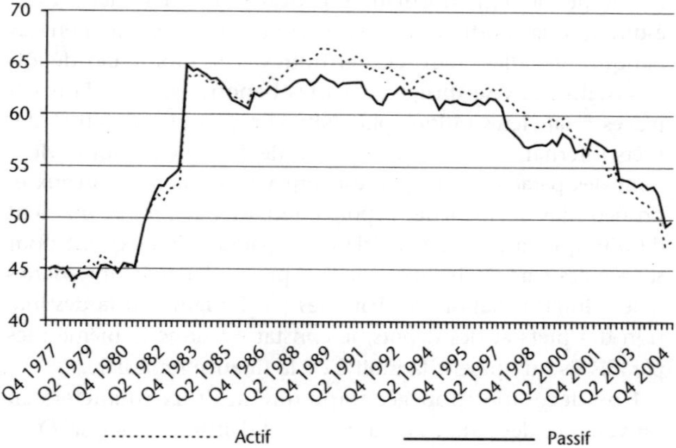

Source : BRI.

actifs, les principales données de la BRI couvrent en tout et pour tout trente-deux centres financiers internationaux dont seulement une moitié de paradis fiscaux, avec des informations ne démarrant qu'au dernier trimestre de 1983 pour les plus exotiques d'entre eux (ce qui explique la brusque montée à ce moment-là dans les statistiques internationales).

Que l'on considère l'actif (prêts et détention d'actions ou d'obligations) ou le passif (dépôts et émissions d'actions et d'obligations), les paradis fiscaux représentaient effectivement à la mi-2005 environ la moitié des activités internationales des banques. Partis d'un niveau proche de 65 % au début des années 1980, la tendance est orientée à la baisse depuis la seconde moitié des années 1990.

Si l'on oublie les transactions liées aux actifs financiers pour se concentrer uniquement sur l'activité d'intermédiation des banques, les données ne sont disponibles que depuis 1995 mais le profil est le même : les paradis fiscaux représentent environ la moitié de l'intermédiation bancaire internationale, c'est-à-dire que la moitié des prêts internationaux proviennent de banques installées dans ces territoires et la moitié des dépôts internationaux se dirigent vers les banques situées dans ces places financières. Allons plus loin : un peu plus de 40 % des prêts internationaux (dont on vient de dire que la moitié viennent des paradis fiscaux) se dirigent vers les paradis fiscaux et un peu plus de 45 % des dépôts internationaux (dont on vient de dire que la moitié vont dans les paradis fiscaux) ont pour source des paradis fiscaux. Que l'on prenne l'activité internationale d'intermédiation des banques par l'origine ou la destination des prêts et des dépôts, le constat est donc le même : les paradis fiscaux pèsent la moitié de la finance mondiale.

Une décomposition géographique des flux financiers en provenance des paradis fiscaux permet d'affiner l'analyse. Quel que soit l'angle retenu, les places offshore se répartissent en trois groupes : Londres, les autres places financières de pays développés (Autriche, Irlande, Luxembourg, Suisse, etc.) et les places exotiques, selon une proportion respective dans le total des paradis fiscaux d'environ 40 %, 30 % et 30 %.

Évidemment, diront les sceptiques, si vous mettez le premier centre financier mondial, Londres, dans un groupe quelconque, celui-ci pèsera forcément d'un poids exorbitant dans la finance mondiale ! La question est donc de savoir si Londres est principalement ou marginalement un paradis fiscal. Après tout, les compétences techniques, technologiques et professionnelles qui y sont présentes en font un endroit prisé par les banques et les multinationales du monde entier, dans de nombreux secteurs, parce que le territoire offre un service de qualité et compétitif en la matière.

On ne saurait pourtant en rester là. Comme nous l'évoquerons dans le détail au chapitre II, la place de Londres, qui avait perdu sa superbe après la Seconde Guerre mondiale du fait de la domination croissante du dollar, a de nouveau réussi à s'imposer comme premier centre financier international en ouvrant dès 1957 le chemin à la finance offshore contemporaine par la création du marché des eurodollars. La stratégie de paradis fiscal de la place londonienne est à cet égard indéniable. La surreprésentation des banques étrangères en est aujourd'hui encore l'illustration : elles détiennent environ la moitié des actifs totaux (domestiques et étrangers) détenus par l'ensemble des banques présentes sur le territoire britannique (contre environ 20 % aux États-Unis et 10 % en France). La mise en évidence régulière (voir chapitre III) du rôle joué par les grandes banques de cette place dans la circulation d'argent sale en est une autre illustration. Une enquête parlementaire française a montré que la place de Londres affiche tous les comportements de construction d'opacité des transactions financières, y compris dans la mauvaise volonté de coopération avec les magistrats étrangers [Peillon et Montebourg, 2001]. Comme le déclarait Phillip Thorpe, alors responsable de la Financial Services Authority (FSA), l'agence de régulation du système financier britannique, « si vous cherchez à dissimuler des aiguilles, vous utiliserez une meule de foin, or les marchés britanniques sont aujourd'hui comme des immenses meules de foin ».

La place de Londres, pour ce qui concerne son insertion internationale, est donc sans conteste le premier paradis fiscal de la planète. Si l'on ajoute le poids des autres centres financiers offshore des pays développés, on obtient une image des paradis fiscaux très éloignée de celle traditionnellement projetée de petites îles marginales (dont les plus importantes d'entre elles battent d'ailleurs pavillon britannique). Le phénomène des paradis fiscaux tient d'abord aux pratiques offshore développées par les États les plus puissants. Dans quelle mesure cette image est-elle déformée par l'absence de données sur les nombreux autres paradis fiscaux en activité ? On ne sait pas. Quand, au dernier trimestre 1983, la BRI a intégré dans ses statistiques une demi-douzaine de territoires exotiques, la part mesurée des paradis fiscaux est passée en un trimestre de

53,5 % à 63,9 % de la finance mondiale. Une partie des activités internationales de la finance londonienne n'a rien à voir avec celle de paradis fiscal et une partie des activités mondiales de nombreux paradis fiscaux n'est pas mesurée. Dans quelles proportions à chaque fois ? Nul ne le sait. La baisse enregistrée depuis le milieu des années 1990 tient-elle à l'absence de mesure de l'activité d'un nombre important de territoires ? Les statistiques fournies par la BRI apparaissent en ce domaine contraire aux indicateurs qui mesurent le développement de l'utilisation des outils utilisés dans les paradis fiscaux (chapitre III). L'affirmation selon laquelle « la moitié des flux financiers internationaux passe par les paradis fiscaux » est donc le mieux que l'on puisse obtenir, compte tenu de l'état actuel des informations disponibles.

Paradis fiscaux et investissements à l'étranger

On a l'habitude de voir les paradis fiscaux d'abord comme des acteurs purement financiers. Or ils jouent aussi un rôle de premier plan dans la division internationale du travail. En effet, avec une belle constante, l'ensemble des données disponibles montrent qu'environ 30 % à un tiers des flux d'investissements à l'étranger (IDE) des firmes multinationales sont aujourd'hui à destination des paradis fiscaux. Et les données de la CNUCED suggèrent que la tendance est à la hausse depuis la seconde moitié des années 1990 (voir graphique 2).

Un regard plus détaillé sur les stratégies des entreprises des grandes zones révèle ainsi quelques surprises. Par exemple, en 2004, les principales destinations des investissements des multinationales américaines font apparaître quelques noms connus (voir tableau 2). Le plus étonnant est de découvrir que les îles britanniques et celles des Caraïbes rassemblées, ou bien les Bermudes seules, reçoivent plus d'investissements américains que la Chine ! De même les données concernant le Royaume-Uni (première destination), les Pays-Bas (troisième), la Suisse (cinquième), l'Irlande (sixième), et le Luxembourg

Graphique 2. **Les investissements des multinationales dans les paradis fiscaux** (part du stock d'investissements à l'étranger à destination des paradis fiscaux, en %)

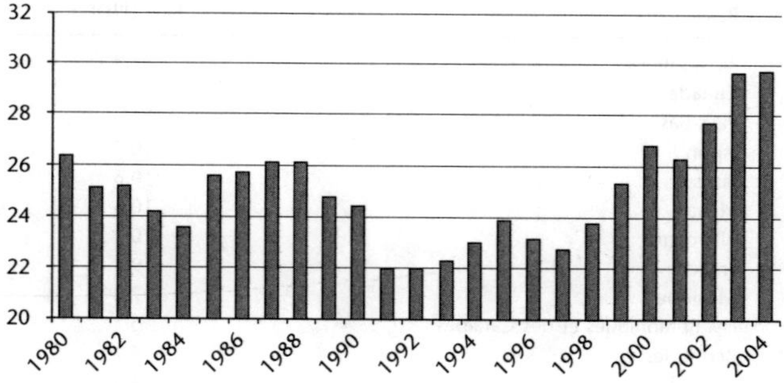

Source : Cnuced.

(douzième) sont-elles trompeuses, seule une faible partie de ces investissements étant destinée à rester dans ces pays. Ces chiffres suggèrent que les multinationales américaines reroutent une partie considérable de leurs investissements par l'intermédiaire des paradis fiscaux. D'une manière générale, l'utilisation de ce genre de pratique contribue, selon le *World Investment Report 2005* de la CNUCED [2005, p. 5], à rendre les statistiques internationales sur les IDE peu fiables.

De même, environ 30 % des IDE des multinationales européennes sont à destination des paradis fiscaux et un tiers du stock des IDE français est également dans ce cas. Les multinationales se servent des paradis fiscaux pour établir des filiales qui vont aller investir ailleurs : peu taxées par définition, ce sont elles qui feront des profits tandis que leurs propres filiales, plus taxées, feront peu de profits (pour une explication des mécanismes, voir le chapitre III).

La question qui se pose alors est de savoir où ces filiales installées dans les paradis fiscaux investissent. Un regard sur

Tableau 2. **Les multinationales américaines passent par les paradis fiscaux**
(Flux d'investissements directs à l'étranger en 2004, en milliards de dollars)

Pays	**Flux d'IDE**
Royaume-Uni	22,9
Canada	22,4
Pays-Bas	12,6
Japon	10,7
Suisse	10,6
Irlande	10,5
Allemagne	10
France	9,7
Mexique	7,4
Îles Britanniques et des Caraïbes	5
Bermudes	4,7
Luxembourg	4,5
Chine	4,2
Corée du Sud	3,8
Italie	3,5

Source : Bureau of Economic Analysis.

les territoires qui reçoivent le plus d'IDE donne tout de suite la solution. Les deux premiers investisseurs en Chine sont des paradis fiscaux (les données pour le premier semestre 2005 confirment les deux premières places de Hong Kong et des îles Vierges britanniques). Une partie de la situation tient aux stratégies d'investisseurs chinois qui préfèrent apparaître comme étrangers pour des raisons politiques et afin de bénéficier des conditions attractives d'investissements qui leur sont offertes en termes fiscaux ou de droits de propriété. Mais la France est également victime du même phénomène : 47 % du stock des IDE détenus par les étrangers en France sont entre les mains de sociétés installées dans les paradis fiscaux, un tiers étant dû aux Pays-Bas (premier détenteur) et au Royaume-Uni (deuxième). La France illustre ainsi une situation plus générale : l'Union européenne est son propre paradis fiscal.

Tableau 3. **Chine : les deux premiers investisseurs sont des paradis fiscaux**
(Investissements étrangers en Chine, en milliards de dollars, en 2004)

Pays	Investissements étrangers en Chine
Hong Kong	19
Îles Vierges britanniques	6,7
Corée du Sud	6,2
Japon	5,5
États-Unis	3,9
Taiwan	3,2
Îles Caïman	2
Singapour	2
Samoa occidental	1,1
Allemagne	1,1

Source : ministère du Commerce.

De quoi largement relativiser la mondialisation des firmes. En effet, si environ 30 % des IDE mondiaux obéissent à des stratégies de contournement réglementaire, cela signifie par exemple que le stock d'IDE sortants liés à la division internationale du travail ne représentait plus en 2004 que 16,8 % du PIB mondial au lieu des 24 % officiellement affichés. À l'inverse, on peut en conclure que les paradis fiscaux sont devenus un rouage essentiel de l'organisation de la production des biens et services au niveau mondial.

Ils sont également un outil de la gestion des rentes liées aux droits de la propriété intellectuelle (voir chapitre III). De manière générale, ils contribuent à accroître le rendement des investissements américains à l'étranger, selon le Congressional Budget Office (CBO) [2005] des États-Unis. À plus de 800 milliards de dollars en 2005 (6,4 % du PIB), le déficit extérieur américain n'a cessé de progresser au cours des dernières années. Il serait encore plus important si les investisseurs américains ne touchaient pas en intérêts et dividendes bien plus (36,2 milliards nets) que ce que les investisseurs étrangers touchent des États-Unis. Et pourtant, à la fin 2004, les étrangers détenaient 12 500 milliards d'investissements aux États-Unis, soit 2 500 milliards de plus que le montant investi à l'étranger par les Américains. Ce rendement supérieur des IDE américains est partiellement le fruit des stratégies d'optimisation fiscales des multinationales. Les firmes étrangères s'arrangeraient pour minimiser leurs profits aux États-Unis, en les localisant dans des pays à fiscalité plus légère, ce qui se traduirait par un moindre rendement de leurs IDE sur place, tandis que les multinationales américaines surévalueraient les profits de leurs multinationales dans certains pays étrangers pour les mêmes raisons.

Aucune donnée précise ne permet de mesurer cet effet. Néanmoins, on peut noter que le taux de rendement des investissements des filiales américaines en Irlande et aux Bermudes, deux paradis fiscaux notoires, est respectivement trois fois et deux fois plus élevé que le taux de rendement moyen des IDE américains. Par ailleurs, l'amnistie fiscale ouverte par le président Bush à la fin 2004, pour un an, permettant un faible niveau de taxation (5,25 % au lieu de 35 %) sur les profits réalisés à l'étranger et réinvestis aux États-Unis a connu un franc succès (au début 2006, plus de 400 entreprises avaient indiqué qu'elles rapatriaient un peu plus de 220 milliards de dollars, soit l'équivalent d'un bon quart du déficit extérieur américain), ce qui renforce la supposition d'une délocalisation massive des profits des entreprises américaines dans les paradis fiscaux, contribuant ainsi au gonflement du rendement de leurs IDE.

Paradis fiscaux et argent sale

Il n'existe aucun endroit dans les statistiques financières internationales où l'on puisse lire le montant d'argent sale qui passe dans les paradis fiscaux. Depuis 1996 fleurissent régulièrement des données sur un « produit criminel brut mondial », estimé à l'époque à 1 100 milliards de dollars et, à la fin 2005, à 1 500 milliards de dollars, soit une croissance d'environ 4 %

par an. Le problème avec ce genre de chiffres est que la méthodologie qui a servi à les construire n'est jamais fournie.

Il en va de même pour les évaluations des montants du blanchiment d'argent sale, celui qui concerne au premier chef les paradis fiscaux. Fondées sur des anecdotes, des extrapolations ou sur des « confidences » des appareils répressifs, elles ne tiennent pas le moindre petit test de cohérence [Cartier-Bresson, 2002]. Le chiffre souvent cité du montant d'argent blanchi est celui d'une fourchette comprise entre 2 % et 5 % du PIB mondial. Une estimation donnée un jour par Michel Camdessus, l'ancien directeur général du Fonds monétaire international, mais qui ne repose sur aucune étude précise. Tom Naylor [2002] a également démontré le manque de rigueur de toutes ces estimations. Il souligne qu'il faudrait savoir combien représente ce qui est saisi par rapport à l'existant. Ce qui demande de connaître le montant du chiffre d'affaires du crime, le taux de profit, le taux d'épargne, le patrimoine accumulé, etc., autant d'estimations impossibles. La vérité est que personne ne sait rien ni des montants ni de leur évolution.

Pour ceux qui veulent absolument débattre de données chiffrées, la seule méthode acceptable est de fournir, avec ses données, une présentation détaillée des moyens qui ont permis de les établir. Le Tax Justice Network [2005] a ainsi proposé une estimation pour les seuls actifs détenus par les individus riches dans les places offshore de 11 500 milliards de dollars sur lesquels ils auraient touché 860 milliards de revenus non taxés, faisant perdre environ 255 milliards de dollars de recettes fiscales aux États. De son côté, Raymond Baker [2005, p. 162-173] utilise et confronte plusieurs méthodes pour arriver à une estimation du total d'argent sale circulant dans le monde de 1 000 milliards de dollars dont 500 milliards en provenance des pays du Sud et en transition. Ce qui représenterait à peu près 5 % des activités internationales des banques telles qu'elles sont répertoriées par la BRI. Ces deux études ont l'avantage de décrire pas à pas leur mode de calcul mais leurs auteurs conviennent de la grande incertitude et des approximations auxquelles ils ont recours.

Les nouvelles frontières

Au-delà des mouvements internationaux de capitaux, de la fraude fiscale et du blanchiment d'argent, les paradis fiscaux ont cherché à conquérir d'autres secteurs d'activité où les avantages qu'ils proposent en termes de confidentialité, faible imposition, anonymat, résidence virtuelle et contrôle réglementaire relâché peuvent servir. Beaucoup d'entre eux sont par exemple déjà actifs dans le domaine des pavillons de complaisance.

Mais c'est Internet qui semble offrir aujourd'hui un fort potentiel de développement pour les pratiques offshore. Pour Charles McLure, le commerce électronique « a explosé sur la scène fiscale presque aussi soudainement et avec autant d'éclat que la comète de Haley, et sa trajectoire ne va pas tarder à rencontrer celle des systèmes d'imposition » [1997, p. 731-732]. Sans surprise, les paradis fiscaux ont adapté leurs lois pour tenter d'attirer les nœuds du commerce électronique sur leur territoire. Les Bermudes ont ainsi adopté en 2000 un code de conduite pour les transactions électroniques offrant « sécurité et confiance aux fournisseurs et aux clients du e-commerce ». Le Vanuatu et les Bahamas sont engagés sur la même voie.

Les stratégies d'insertion des paradis fiscaux dans les routes commerciales de l'Internet sont multiples. L'une de celles qui ont connu le développement le plus rapide est le sexe en ligne. Les spécialistes des télécommunications indiquent qu'environ 1,5 % des communications téléphoniques mondiales concernent ce genre d'activités pour un chiffre d'affaires de l'ordre de deux milliards de dollars par an. Le pays qui émet la communication et celui qui la reçoit se partagent les revenus des appels. La stratégie de certains paradis fiscaux consiste donc à servir d'intermédiaires aux appels sur la base de locations de lignes téléphoniques à bas prix et, compte tenu de la petitesse de leur population, avec des numéros à seulement trois ou quatre chiffres (le 688 de Tuvalu par exemple), très prisés par les offreurs de services sexuels par Internet. Les appels ne proviennent bien sûr pas des paradis fiscaux mais d'autres pays qui les reroutent vers ces territoires, lesquels récupèrent ainsi une partie de la facture.

Ces pratiques ont rapidement émergé dès le début du développement public de l'Internet. Au milieu des années 1990, les îles du Pacifique de Niue et de Tuvalu (cette dernière loue son suffixe Internet « .tv ») tirent déjà 20 % de leurs recettes budgétaires de ce type d'activité. Niue, un protectorat néo-zélandais, dispose de plus de lignes téléphoniques que d'habitants. La Poste du Guyana, en Amérique latine, a été rachetée dès 1991 par l'entreprise américaine ANT. En quatre ans, la durée moyenne des appels téléphoniques entrants est passée de 23,8 minutes à près de 2 h 20 ! De même, au milieu des années 1990, chaque habitant des Antilles néerlandaises recevait en moyenne plus de 43 heures de coups de téléphone.

Ce sont généralement les paradis fiscaux les plus récents qui adoptent les stratégies les moins recommandables. Andoujan, l'une des îles comoriennes, qui a construit son espace offshore à la fin des années 1990, s'est spécialisée dans les secteurs du jeu et des paris et dans celui des pavillons de complaisance pour les bateaux et les avions.

Piliers de la mondialisation contemporaine, des circuits financiers illicites et des aventuriers de l'Internet, les paradis fiscaux sont aujourd'hui au cœur du fonctionnement de l'économie mondiale. Comment sont-ils parvenus à occuper une place si importante ? C'est ce que nous expliquons dans le prochain chapitre.

« Pour faire des affaires, il faut pas payer d'impôt ; et pour pas payer d'impôt, il faut naître à Monaco »,

Joe DASSIN, Pierre DELANOË et Claude LEMESLE, chansonniers, *Naître à Monaco*, 1975.

II / Une histoire des paradis fiscaux

L'histoire des paradis fiscaux est remplie de légendes. Non pas seulement parce que l'on y croise régulièrement les grands noms de la finance, des mafias ou des services secrets des grands pays. Mais également parce que nombre d'explications concernant leur origine et leur développement ont été purement et simplement inventées. Ici, les banquiers suisses tiennent à nous faire croire qu'ils ont fait du secret bancaire un sanctuaire inviolable pour protéger les avoirs juifs contre les nazis alors que, comme on le verra, il s'agissait surtout de protéger leurs profits. Là, les économistes libéraux avancent l'idée selon laquelle les paradis fiscaux sont le fruit de la montée de la pression fiscale liée à la constitution de l'État-Providence après la Seconde Guerre mondiale alors que les caractéristiques propres des paradis fiscaux naissent entre la fin du XIXe siècle et le début du XXe siècle.

On peut bien entendu trouver des origines lointaines, chez les Grecs ou dans l'Empire romain, à la dissimulation d'actifs financiers dans l'objectif de les faire échapper à l'impôt [Doggart, 1997]. On peut mentionner la façon dont les prêteurs du Moyen Âge ont inventé les techniques de dissimulation permettant de se faire payer des intérêts dans un environnement religieux qui ne le permettait pas. On peut aussi rappeler la pratique de l'entrepôt, présente en Hollande, en

Angleterre, et copiée en France par Colbert en 1673, qui consiste à désigner un lieu où un commerçant peut stocker des marchandises qu'il destine au marché local ou national, sans payer d'impôts jusqu'à ce qu'il les mette effectivement à la disposition des clients. C'est Alexander Hamilton, le premier ministre des Finances des États-Unis qui, en 1791, dans son *Report on Manufactures*, définit une politique publique de soutien au développement industriel dont l'un des éléments consiste à attirer les investisseurs étrangers en leur proposant, déjà, des avantages fiscaux. Et, plus près de nous, après que le Prince Charles III de Monaco eut autorisé les jeux que le roi Louis-Philippe avait interdits aux Français, les recettes du casino ont permis à la principauté de supprimer l'impôt sur le revenu dès 1869, ouvrant la voie que l'on sait au territoire monégasque.

Pourtant, l'histoire des paradis fiscaux n'est ni linéaire ni continue. Elle est faite de ruptures et de mutations, ces centres financiers offshore jouant des rôles économiques et politiques différents selon les lieux et les époques. Leur origine et leur développement s'effectueront néanmoins durant deux grandes périodes de mondialisation économique, celle de la fin du XIXe siècle et celle de la fin du XXe siècle.

Au cœur des relations État-capitalisme

On l'oublie trop souvent mais la séparation nette du monde en États-nations tels que nous les connaissons aujourd'hui ne s'est véritablement imposée qu'au XIXe siècle. Ce n'est qu'à ce moment-là que les gouvernements ont édicté des lois leur permettant de définir leur territoire au sein de frontières strictement délimitées. Ils se posent alors en « individus » distincts les uns des autres sur la scène mondiale, sans référence à un ordre moral ou divin extérieur. Chaque pays crée désormais ses propres lois qui marquent sa souveraineté.

La fin du XIXe siècle voit aussi le développement d'une mondialisation économique marquée par une forte mobilité des mouvements de capitaux internationaux. En 1913, le stock des investissements directs à l'étranger représente l'équivalent de 9 % du PIB mondial, un niveau qui ne sera de nouveau atteint que dans les années 1990. Les investissements étrangers dans les pays émergents de l'époque (Australie, Argentine...) représentent environ un tiers de leur PIB en 1914, un poids qui ne sera de nouveau atteint qu'au début des années 2000. À partir des années 1860, une vague d'entreprises multinationales prend son essor : le chimiste allemand Bayer s'installe aux États-Unis, le Français Air Liquide en Amérique latine, le Suédois Alfred Nobel investit en Allemagne et l'Américain Singer, celui des machines à coudre, s'installe en Écosse.

Or ces deux évolutions, l'une politique et l'autre économique, sont contradictoires. En effet, comment affirmer fortement sa souveraineté nationale au moment où des acteurs économiques privés se mettent à sauter allègrement les frontières ? Des tensions se manifestent de plus en plus qui portent sur la protection des investisseurs étrangers — en particulier sur le fait que les contrats signés dans un pays entre des acteurs privés de nationalités différentes ne s'appliquent pas dans les autres — et sur les questions fiscales, chaque État voulant imposer ses propres impôts à des entreprises dont les réseaux de filiales à l'étranger se développent mais qui ne veulent pas se voir taxer plusieurs fois (une fois dans le pays d'accueil de leur investissement, une fois dans leur pays d'origine) pour la même activité. De la même façon, des problèmes se posaient à propos des mouvements de personnes, touristes mais aussi criminels, dont le problème du droit de poursuite à travers les frontières était déjà discuté.

Deux principes paraissent alors ne pas pouvoir être négociés : celui de la souveraineté exclusive de chaque État sur son territoire (aucun pays ne peut prétendre imposer ses lois à un autre pays) et celui du soutien des grands pays industrialisés de la fin du XIXe siècle, en particulier le Royaume-Uni et les États-Unis, à leurs entreprises phares et à leur internationalisation. Comment concilier ces deux principes ? Les États vont progressivement trouver quatre solutions. L'invention d'une économie offshore, dans laquelle les paradis fiscaux vont naître, sera l'une d'entre elles.

Réconcilier souveraineté et mouvements de capitaux : bien que le mouvement d'expansion des multinationales n'ait pris une nouvelle et plus grande ampleur qu'après la Première Guerre mondiale, les principes de gouvernance mondiale qui vont permettre de régler le double objectif de soutenir la construction des États-nations et l'expansion internationale du capitalisme naissent dès la fin du XIXe siècle. Précisons tout de suite que ces règles de gouvernance mondiale ne sont le fruit d'aucun plan, d'aucun complot de la part des États et des multinationales qui vont y participer. Plus d'un siècle après, on constate que ces solutions politiques se sont imposées alors, et qu'elles sont toujours d'actualité aujourd'hui, faisant de nous des héritiers directs de la mondialisation du XIXe siècle (voir encadré).

La première solution consiste pour les grands pays à développer un important droit national traitant des affaires économiques extérieures, ainsi qu'un droit public international portant sur la façon de traiter les contrats signés dans des territoires étrangers, hors de leur juridiction d'origine. C'est la période où plusieurs pays s'entendent sur la façon dont une décision législative, exécutive ou judiciaire prise dans l'un d'entre eux peut s'appliquer aux autres.

La deuxième solution passe par la prolifération des traités commerciaux bilatéraux dans le but d'harmoniser les législations traitant des investissements étrangers. Le plus célèbre d'entre eux est le traité franco-britannique, dit Cobden-Chevalier, signé en 1860. Il joue un rôle historique important dans la mesure où il va influencer le contenu de la multitude d'accords qui vont suivre. À l'abri de ces traités, les investisseurs des pays signataires sont assurés d'une protection de leur personne et de leurs biens dans l'autre pays. Ils peuvent y séjourner librement,

Héritiers du XIXe siècle

La recherche d'une réconciliation entre la souveraineté de l'État et le capitalisme mondialisé fait toujours partie des préoccupations contemporaines. À cet égard, les quatre solutions inventées au XIXe siècle ont connu une pérennité impressionnante puisqu'elles figurent encore dans l'arsenal de la gouvernance économique mondiale d'aujourd'hui.

La sociologue Saskia Sassen [1996] a montré que la mondialisation passe en partie par une « dénationalisation » des lois nationales. Les États et les parlements nationaux, aujourd'hui comme hier, ont adapté leurs lois nationales pour tenir compte des souhaits des investisseurs étrangers et des acteurs des marchés financiers (déréglementation des marchés financiers nationaux, indépendance des banques centrales...). Tout au long du dernier siècle, le national et le mondial sont allés de pair : la mondialisation économique est en partie endogène aux choix des États.

Les données de l'Organisation mondiale du commerce (OMC) montrent que le recours aux traités bilatéraux et régionaux pour régler les questions de commerce et d'investissement connaît une véritable explosion depuis le début des années 1990. Les rapports de force directs entre pays (75 % sont des traités bilatéraux) s'y expriment plus violemment qu'au sein de l'OMC. Ces accords sont la source de réglementations sur les politiques de concurrence, d'investissement ou d'environnement, autant de thèmes qui ne font pas encore consensus au niveau multilatéral mais que les États-Unis, en particulier, mettent en avant, en profitant même pour imposer, par exemple, une protection des droits de la propriété intellectuelle pour leurs firmes, plus sévère que celle négociée à l'OMC [Crawford et Fiorentino, 2005].

Le recours à l'arbitrage privé entre firmes multinationales a connu un développement important au cours du XXe siècle, notamment dans sa seconde moitié avec l'explosion du commerce mondial puis des investissements directs à l'étranger. Il fonde un droit international privé, développé en dehors des cadres juridiques étatiques. Ce droit évolue sur la base de la jurisprudence issue du règlement de conflits entre acteurs économiques transnationaux, une procédure effectuée de manière très confidentielle et rapide.

L'économie offshore a, quant à elle, explosé à partir des années 1960-1970, principalement par le développement des paradis fiscaux qui font l'objet de cet ouvrage.

travailler et commercer, et disposent du droit de s'y établir en permanence. Ils sont protégés de tout traitement discriminatoire et certains traités précisent bien qu'ils sont exemptés de service militaire (!). Plusieurs textes prévoient une assistance mutuelle entre les gouvernements et les tribunaux pour assurer le respect de la loi (sur tous ces points, voir Nussbaum [1946]).

Troisième solution : laisser les entreprises privées régler, entre elles, les problèmes pouvant surgir des implantations internationales des unes et des autres. Pour le spécialiste du droit Jean-Philippe Robbé [1997], comme « les juristes gouvernementaux éprouvaient de grandes difficultés à se mettre d'accord entre eux pour formuler les règles applicables au commerce international, ils ont préféré en laisser l'initiative aux commerçants eux-mêmes ». Ce qui permit la croissance d'une branche du droit international, la *lex mercatoria*, la loi des marchands, dont les pratiques trouvent leur origine au Moyen Âge.

La dernière solution, sûrement la plus ingénieuse, est également celle dont aucun des acteurs de l'époque n'a mesuré les conséquences à long terme : la création d'une économie offshore. Si les lois nationales et les échanges internationaux de biens et de capitaux entrent en conflit, pourquoi ne pas inventer un espace où les lois ne s'appliqueraient pas, ou s'appliqueraient moins, un contournement autorisé sur un domaine bien précis pour sauvegarder le reste. Cette réconciliation entre la souveraineté de l'État de droit et l'internationalisation du capital passe par la remise en cause de l'unité juridique de l'État-nation.

L'émergence de l'offshore

La construction des caractéristiques de l'espace fictif que représente l'offshore s'étale sur plusieurs décennies. Elle passe par trois étapes essentielles qui se produisent à la fin du XIXe siècle aux États-Unis, à la fin des années 1920 au Royaume-Uni et au début des années 1930 en Suisse. Les paradis fiscaux contemporains sont ainsi le résultat de l'amalgame de plusieurs stratégies développées à l'origine de manière séparée pour répondre à des demandes spécifiques, dans ces lieux et à des époques différents.

Les avocats de New York

L'enregistrement obligatoire des entreprises, et la fiscalisation des sociétés qui l'accompagne, datent aux États-Unis de 1846. Dès les années 1880, les États de New York et du Massachusetts concentrent déjà les sièges sociaux des plus grandes entreprises américaines. Un avocat d'affaires de New York conseille au gouverneur Abbet de l'État frontalier du New Jersey, alors confronté à des problèmes budgétaires, d'accroître ses revenus en proposant un plafonnement des impôts à toute société qui viendrait s'installer dans l'État.

La mesure rencontre un certain succès, et le proche Delaware décide de la reprendre à son compte dans sa loi fiscale de 1898. Là encore, un groupe d'avocats d'affaires new-yorkais joua un rôle essentiel en coulisse. Et ils le font savoir aux entreprises qu'ils conseillent : en 1902, 1 407 entreprises sont enregistrées dans le Delaware, 4 776 en 1919 ; entre 1916 et 1926, les revenus tirés de cette activité représenteront plus de 40 % des recettes fiscales de l'État. Les États-Unis conservent encore cet héritage historique puisque environ la moitié des entreprises américaines côtées en Bourse ont leur siège social dans le Delaware.

Ces États américains ont ainsi bâti le premier pilier des paradis fiscaux, la possibilité d'attirer des entreprises uniquement pour des motifs fiscaux. Un mouvement d'entreprise purement fictif, les firmes enregistrant leur siège social sans changer physiquement de lieu. Dès les années 1920, quelques cantons suisses — Zuk en tête — copieront cette pratique.

Les juges britanniques

Si les États américains de la fin du XIXe siècle s'engagent sciemment dans une politique de moins-disant fiscal pour attirer les entreprises, les sièges sociaux des entreprises qui bénéficient de ces avantages y sont alors véritablement installés. Il faudra attendre le Royaume-Uni des années 1920 pour que le principe d'un enregistrement fictif des entreprises pour des raisons fiscales voie le jour au niveau international.

La question du mode de taxation des entreprises britanniques opérant au sein de l'Empire et au-delà s'est posée dès le XIXe siècle : l'Inland Revenue, l'administration chargée de la collecte des impôts, a porté plusieurs affaires devant les tribunaux afin que ceux-ci établissent une jurisprudence qui fasse loi. L'histoire en a été retracée par le professeur de droit international Sol Picciotto [1992, 1999] qui a retrouvé les différentes affaires ayant amené les évolutions clés de la loi britannique.

La première décision importante date de 1876 lorsque les juges sont confrontés aux cas de deux entreprises, la Calcutta Jute Mills et la Cesena Sulphur Mines, enregistrées en Angleterre mais dont les activités de production avaient lieu respectivement en Inde et en Italie. Le juge a alors considéré que le contrôle des décisions de gestion de ces entreprises étant réalisé en fait depuis l'Angleterre, ces deux sociétés devaient être assujetties à l'impôt britannique. Le juge précisait bien alors que sa décision ne résultait pas du fait que ces sociétés avaient été enregistrées en Angleterre mais du fait que le contrôle effectif de leurs actifs était réalisé depuis Londres.

Un principe réaffirmé en 1906 face à la célèbre multinationale du diamant De Beers : bien qu'enregistrée en Afrique du Sud, produisant à partir des mines sud-africaines et dirigée au jour le jour depuis Kimberley, les juges ont indiqué que le véritable contrôle de la stratégie de la société étant établi depuis Londres, celle-ci devait être assujettie à l'impôt anglais. « Une entreprise ne mange pas et ne dort pas mais elle tient une maison et une activité. [...] Un individu peut être de nationalité étrangère et résider pourtant au Royaume-Uni. C'est la même chose pour une entreprise. [Une] entreprise réside, pour son imposition, là où elle mène son activité, [...] c'est-à-dire là où se trouvent ceux qui la contrôlent et la dirigent », expliquait alors Lord Loreburn [cité par Picciotto, 1999]. Une décision très utile pour le Trésor britannique dans la mesure où Londres était à l'époque le principal centre financier international à partir duquel de nombreuses entreprises finançaient leurs activités partout dans le monde.

Les multinationales britanniques comprennent alors qu'il leur faut réagir. Dans l'année qui suit la décision contre la De Beers, la société anglaise Egyptian Delta Land and Investment Co Ltd créée en 1904 pour acheter et louer des terrains en Égypte, déménage son conseil d'administration au Caire et le remplit de résidents égyptiens. Cette fois, les juges, confrontés à la situation en 1929, décident que l'entreprise n'est pas passible de l'impôt. Cette décision a de fait « créé une échappatoire faisant en quelque sorte de l'Angleterre un paradis fiscal », analyse Sol Picciotto. En effet, tant qu'une entreprise peut justifier d'une direction installée en dehors du Royaume-Uni, ses revenus en provenance de l'étranger sont exemptés d'imposition, même s'ils résultent d'activités engagées par des résidents britanniques. Une décision qui s'applique à l'ensemble de l'Empire britannique, un point que les Bermudes, les Bahamas, les îles Caïman et autre Hong Kong sauront plus tard exploiter. Plus : cette décision représentait une porte ouverte à l'évasion fiscale pour les entreprises des autres pays puisqu'il leur suffisait d'organiser leurs activités à partir d'une société enregistrée à Londres mais contrôlée à l'extérieur du Royaume-Uni.

Après le moins-disant fiscal des avocats de New York, les juges londoniens venaient involontairement d'inventer la résidence fictive pour raison fiscale. La loi bancaire suisse de 1934 rendant inviolable, sous peine de poursuites pénales, le secret bancaire allait apporter une autre pierre à l'édifice.

Les banquiers suisses

Le principe du secret bancaire est ancien. Les banquiers suisses offraient déjà la possibilité de transactions confidentielles aux aristocrates français durant la Révolution. Leur réputation était alors déjà bien établie puisque, selon un mot attribué à Voltaire, « si vous voyez un banquier suisse sauter d'une fenêtre, sautez derrière lui, il y a sûrement de l'argent à gagner » ! Les comptes anonymes furent mis en place dès la fin du XIXe siècle. Après la Première Guerre mondiale, les débuts de l'imposition en Europe continentale et les contrôles des mouvements de capitaux en vigueur, la liberté des changes en Suisse et la confidentialité de ses banquiers attiraient de plus en plus de capitaux.

Les banquiers suisses sont très conscients des avantages que représente leur place financière dans un contexte économique européen instable. Ils décident d'adopter une stratégie marketing agressive afin de faire connaître, partout où se trouvent leurs clients prospectifs, les services qu'ils pourraient leur rendre. C'est à cette époque que la Suisse, en attirant massivement les capitaux français, allemands, italiens et autrichiens, devient une place financière d'importance spécialisée dans le « sauvetage » des capitaux en quête de refuge fiscal, une sorte de Croix-Rouge, comme le note ironiquement Alain Vernay [1968] : « La Suisse est l'infirmerie de l'argent malade : il vient y trouver les soins et le repos qui hâteront sa convalescence avant un nouveau départ. »

La place helvétique met déjà à l'époque largement en avant l'avantage comparatif que représente son secret bancaire, garantit alors par le droit civil. La loi bancaire de 1934 dans son article 47 va permettre d'aller plus loin en plaçant le secret bancaire sous la protection du droit pénal : un employé d'une banque suisse livrant des informations concernant l'identité de ses clients, nationaux ou étrangers, y compris à son propre gouvernement, commet désormais un acte criminel. Cette loi, la première du genre dans la période contemporaine, et bientôt copiée dans de nombreux autres territoires, représente une innovation légale qui constitue le troisième pilier du développement des paradis fiscaux contemporains. La loi offrait une protection juridique complète contre leur propre gouvernement aux étrangers venant placer leurs avoirs en Suisse : une fois la frontière passée, les capitaux entraient dans un sanctuaire inviolable.

Comment une telle situation a-t-elle pu voir le jour ? Pourquoi les autorités suisses ont-elles ressenti la nécessité de renforcer un secret bancaire déjà bien installé dans les pratiques et dont l'efficacité comme facteur d'attractivité des capitaux était déjà amplement démontrée ?

Les banquiers suisses aiment à entretenir le mythe selon lequel cette loi fut créée afin de protéger les avoirs des juifs et des autres minorités persécutées par l'Allemagne nazie. Sébastien Guex [1999] et Peter Hug [2000] ont retracé avec précision cette histoire, qui n'a rien à voir avec les nazis, et dans laquelle la France joue l'un des rôles principaux.

Une contrepartie au renforcement de la surveillance bancaire. — La crise de 1929 et ses conséquences internationales n'épargnent pas la place financière helvétique. « À partir de la seconde moitié de 1931 et durant les années suivantes, la Suisse a connu la crise bancaire la plus grave de son histoire. Parmi les banques que l'on appelle les "grandes banques", au nombre de huit à l'époque, une a fait faillite, une autre n'a survécu que grâce à une aide massive de l'État fédéral, et les quatre restantes ont dû être substantiellement réorganisées », souligne Guex. Les autorités politiques décident alors en janvier 1933 d'élaborer une nouvelle loi bancaire, dont un premier projet est connu dès le mois suivant, visant à un renforcement du contrôle des activités des établissements financiers.

Les banquiers suisses, comme tous leurs collègues du monde entier et de toutes les époques, s'inquiètent du pouvoir accru donné aux représentants de la puissance publique auxquels ils seront censés ouvrir leurs comptes, craignant que les informations glanées à cette occasion ne se retrouvent sur le bureau des autorités fiscales suisses et étrangères. Ils ont alors réclamé qu'en contrepartie de ces dispositions, la surveillance ne soit pas trop sévère, qu'elle ne soit pas exercée directement par des fonctionnaires fédéraux et, surtout, que le secret bancaire soit renforcé. C'est pourquoi l'article 47 de la future loi bancaire se trouve dès le premier projet de loi de février 1933.

La pression politique de la France. — En juin 1932, le gouvernement de centre-gauche d'Édouard Herriot s'installe au pouvoir. Il est engagé dans une politique drastique de réduction des déficits budgétaires, la fraude fiscale lui devient moins tolérable et le rôle que joue la Suisse pour la faciliter intolérable. Aussi le gouvernement veut-il frapper un grand coup.

Les archives de l'Assemblée nationale permettent de retracer les événements qui ont suivi avec précision [Chavagneux, 2001]. L'affaire commence à 16 h 10, le 26 octobre 1932. Le commissaire Barthelet débarque en force dans un appartement de cinq pièces situé dans un hôtel particulier, rue de la Trémoïlle, dans le quartier des Champs-Élysées. Quand il pénètre dans cette succursale parisienne de la Banque commerciale de Bâle, il a la surprise de tomber sur un sénateur, mais aussi sur 245 000 francs en liquide (près de 140 000 euros d'aujourd'hui), des francs suisses, un répertoire, un livre de caisse et, surtout, dix carnets, qui contiennent environ 2 000 noms : ceux des fraudeurs qui ont recours à la banque suisse pour ne pas payer la taxe de 20 % sur les revenus des placements à l'étranger. Barthelet, en fait, n'est pas si surpris : il a bénéficié d'une dénonciation. La rumeur se répand vite et la presse commence à chercher les noms qui sont sur les carnets. Le ministre de l'Intérieur, Camille Chautemps, ne veut pas les donner. Louis Germain-Martin, le ministre des Finances, jure ses grands dieux qu'il ne les connaît pas.

C'est dans cette ambiance que le député socialiste Fabien Albertin demande au président de l'Assemblée à pouvoir s'exprimer : il a une copie de la liste des carnets. Avec un art consommé du suspense, cet ancien avocat à la cour d'appel de Paris livre progressivement les noms des fraudeurs les plus connus. Il n'y a pas un mais trois sénateurs : Louis Viellard, qui s'est fait prendre la main dans le sac, sénateur du Haut-Rhin, un membre de la commission des douanes, Paul Jourdain, l'ancien ministre du Travail du gouvernement Clemenceau, également sénateur du Haut-Rhin, ainsi qu'Abraham Schrameck, sénateur des Bouches-du-Rhône et ancien ministre de l'Intérieur du Cartel des gauches. Il y a une douzaine de généraux, des magistrats, deux évêques (celui d'Orléans et le recteur de l'Université catholique de Paris, membre de l'Académie française), dont, souligne Fabien Albertin, « le royaume n'est pas de ce monde mais qui, certainement, grâce à d'habiles restrictions mentales, ont pu concilier à la fois la nécessité du serment fiscal, qui doit être sincère, avec le juste souci de mettre à l'abri leur fortune ». On trouve aussi des directeurs de grands journaux comme M. et Mme Sapène du *Matin*, le directeur de *L'Ami du peuple* et la famille Coty, propriétaire du *Figaro*, sans oublier des grands patrons de l'industrie, dont les frères Peugeot et le propriétaire du fabricant de meuble Lévitan.

Les dépôts de fonds opérés par les clients français auprès de la Banque commerciale de Bâle atteindraient 2 milliards de francs (environ 1,3 milliard d'euros actuels), un seul client sur la liste disposant de 9 millions de francs (5,1 millions d'euros d'aujourd'hui). Des perquisitions effectuées dans les succursales de la Banque d'escompte suisse et d'une banque genevoise permettent de confirmer l'importance du réseau suisse. Les pertes fiscales sont ainsi très importantes pour l'État français : au total, « les fonctionnaires des Finances et les personnalités des banques, avec lesquels je me suis entretenu ces jours derniers, m'ont dit que la fraude ainsi réalisée pouvait atteindre le chiffre de 4 milliards par an » (2,25 milliards d'euros actuels), souligne le député.

La presse, suite à l'intervention d'Albertin, donne une ampleur phénoménale à l'affaire. Des poursuites judiciaires sont entamées contre les trois banques et leurs avoirs en France sont bloqués. Le 16 novembre 1932, les autorités françaises convoquent à Paris deux membres du conseil d'administration de la Banque commerciale de Bâle et leur demandent d'autoriser les enquêteurs français à examiner leurs comptes au siège, à Bâle. Devant leur refus, ils sont emprisonnés et feront deux mois de détention. La banque bâloise semble prête à céder à la pression mais tient bon. Le 21 novembre, la France présente aux autorités suisses une demande d'entraide judiciaire, qui est refusée par le gouvernement fédéral.

Mais le mal est fait. De nombreux clients étrangers des banques suisses s'affolent et retirent leur argent. C'est au tour des journaux suisses de s'inquiéter de ces retraits massifs de fonds. La Banque commerciale de Bâle doit rembourser de grosses sommes, la Banque d'escompte de Genève n'y survivra pas. Les milieux financiers savent qu'après l'affaire Albertin, d'autres scandales de ce genre peuvent ruiner leurs banques dont, comme le disait à juste titre le député français, les capitaux de l'évasion fiscale sont à l'époque « le profit principal, je pourrais dire le profit exclusif ». Comme l'indique Hug, les banquiers suisses vont réagir : « Suite à des jugements spectaculaires, des voix se sont fait entendre revendiquant le renforcement et la protection pénale du secret bancaire. » Comme l'explique fort justement Guex, l'affaire française a mis en évidence un danger important : « Celui de voir une banque quelconque, parce que soumise à de fortes pressions de la part d'un puissant gouvernement étranger, prendre sur elle-même de donner accès à ses registres, au risque de provoquer ainsi une crise de confiance générale affectant la clientèle étrangère de l'ensemble des instituts suisses [...]. En faisant de la violation du secret bancaire un délit poursuivi d'office, en principe, par les autorités suisses, la loi de 1934 atténuait ce danger. » La France en avait déjà attaqué le principe dans les années 1920 au sein de la Société des Nations, sans grande conséquence à l'époque (voir chapitre IV). La démission du gouvernement Herriot en décembre 1932 atténuera la pression politique. Mais le boulet est passé près. Au début de 1933, les banquiers suisses cherchent le moyen juridique de protéger à tout prix leurs pratiques.

Le soutien de la gauche suisse. — La gauche suisse, en particulier sa force principale le parti socialiste, était largement hostile à la pratique du secret bancaire qu'elle a tenté de remettre en cause plusieurs fois. Les banquiers suisses voulaient donc également se protéger, selon l'expression de Sébastien Guex, contre cet « ennemi intérieur ». Or, pendant le débat parlementaire de 1934, la gauche est restée muette à l'égard de l'article 47. Plusieurs raisons peuvent l'expliquer. Lors d'un débat parlementaire en octobre 1933, les députés socialistes échouent à faire voter la levée du secret bancaire : ils n'ont pas envie, quelques mois plus tard, de subir un nouvel échec. Par ailleurs, refuser ce renforcement du secret bancaire risquait de pousser les milieux financiers à faire pression pour faire capoter l'ensemble de la nouvelle loi bancaire. Or celle-ci, par ses dispositions de renforcement de la surveillance des banques, de contrôle des exportations de capitaux et de contrôle des taux d'intérêt en Suisse, comportait de nombreux points positifs pour les socialistes. Ils n'ont pas mené le combat.

L'article 47 a bien rempli son rôle. Selon Peter Hug, durant les trois années qui ont suivi, la fortune gérée par les banques suisses a augmenté de 28 %. Plusieurs pays ont considéré à l'époque cette nouvelle loi bancaire comme un véritable acte d'agression. Certains, comme l'Espagne, condamnaient à la prison tout ressortissant propriétaire d'une société en Suisse [Fehrenbach, 1966]. Les États-Unis ont alors exercé une forte pression sur les autorités suisses mais sans succès. Le problème s'est nettement compliqué quand plusieurs territoires, comme Beyrouth, Tanger, les Bahamas, le Liechtenstein et Montevideo ont copié la loi suisse, devenue la référence. Plus tard, les pays européens y apporteront quelques « améliorations ». Alors que la Suisse réclamait que deux professionnels d'une banque connaissent l'identité de leurs clients, le Luxembourg n'en demandera plus qu'un, avant que l'Autriche ne pousse la logique jusqu'au bout, en autorisant les comptes totalement anonymes.

Peter Hug a montré comment, face aux auditions régulières du Congrès américain sur l'évasion fiscale et le crime organisé, à l'occasion desquelles le secret bancaire des banques helvétiques revient souvent, les banquiers suisses inventent en 1966 la légende de la protection des avoirs juifs. Avec un succès certain. En 1968, lors de la présentation au Congrès américain d'un projet de loi contre le secret bancaire suisse, le président de la Commission des banques souligne qu'il faut tout de même prendre en compte le fait que « les lois actuelles sur le secret bancaire suisse remontent directement aux redoutables opérations de la Gestapo en Suisse immédiatement avant l'éclatement de la Seconde Guerre mondiale » [cité par Hug, 2000]. Depuis, le mythe n'a cessé d'être alimenté par toutes les publications qui traitent des origines du secret bancaire. Dernière ironie grinçante de l'histoire : les banques suisses ont longtemps utilisé ce même secret bancaire pour justifier leur peu d'empressement à restituer aux survivants de l'holocauste et à leurs héritiers les fonds qu'elles détenaient dans leurs coffres depuis la guerre. Il faudra toute la puissance politique des États-Unis pour obtenir, en 1998, qu'elles ouvrent leurs archives et leurs coffres. Une démonstration de force politique qui réussira, plus de soixante ans après, à creuser une petite entaille au principe du secret bancaire suisse.

Moins-disant fiscal, résidence fictive et secret bancaire renforcé, les trois piliers des paradis fiscaux sont désormais en place, mais l'essor date de la fin des années 1960.

La montée en puissance

Chacun de ces piliers va évoluer de manière indépendante. Certains petits États américains et plusieurs cantons suisses vont développer la pratique de la faible imposition pour l'enregistrement des sociétés, afin d'y gagner des recettes budgétaires. Comme nous l'avons vu dans le cas des États-Unis, l'idée ne leur en est pas toujours venue de manière spontanée : comptables, avocats, chefs d'entreprise et, dans certains cas, la mafia, vont les inciter à améliorer une offre que les îles des Caraïbes vont venir renforcer.

Le principe de la résidence fictive ne ressortissait pas, de son côté, de la recherche d'un gain budgétaire. Les années 1930 allaient être marquées par un recul sur le plan de la mondialisation économique. De ce fait, cette nouvelle possibilité n'a, à notre connaissance, guère été utilisée à ce moment-là, devenant un outil dans la gestion plus mondialisée des grandes entreprises surtout à partir des années 1950.

Le renforcement du secret bancaire suisse fut entièrement nourri par des considérations commerciales, dans une volonté délibérée de renforcer un avantage comparatif utile dans une Europe politiquement déstabilisée par la montée du fascisme et du nazisme.

Il ne faudra pas trop longtemps pour voir regrouper ces trois piliers. Le principe du secret et de l'anonymat des transactions s'étendra bientôt des transactions financières vers l'enregistrement et la propriété des entreprises. Ainsi, durant la Seconde Guerre mondiale, les autorités hollandaises vont faire des Antilles néerlandaises un paradis fiscal combinant les trois fonctions afin, diront-elles, de protéger les actifs financiers de l'occupation allemande. Dès les années 1950, Jersey et Guernesey combinent les mêmes avantages pour tirer parti de leur lien privilégié avec le marché financier londonien.

Jusqu'aux années 1960, les paradis fiscaux sont restés ce qu'indique leur nom : des refuges fiscaux pour les populations fortunées et quelques grosses entreprises. Ils auraient pu le demeurer longtemps si un changement majeur n'était intervenu à Londres en 1957, qualifié depuis d'innovation monétaire la plus importante depuis le billet de banque : la création du marché des eurodollars. Les eurodollars sont des dollars déposés et prêtés par les banques en dehors du territoire des États-Unis (et par extension toute devise déposée et prêtée hors de son territoire d'origine). Ce genre de transactions existait déjà avant les années 1950. Le caractère novateur du marché des eurodollars qui naît alors tient à ce que, pour des raisons expliquées ci-dessous, la Banque d'Angleterre permet que des transactions financières réalisées à Londres, entre deux non-résidents, dans une devise autre que la livre sterling, soient exemptes de tout contrôle réglementaire de sa part. Et comme ce marché va se développer en Angleterre, les autorités monétaires des autres pays ne pourront pas non plus y exercer quelque contrôle que ce soit.

La naissance du marché des eurodollars à la fin des années 1950 marque ainsi le premier pas de la période de mondialisation financière telle que nous la connaissons aujourd'hui : celle d'une circulation des capitaux offshore sans contrôle public. C'est en devenant des acteurs centraux du marché des eurodollars que les paradis fiscaux vont pouvoir acquérir le rôle prédominant qu'ils jouent aujourd'hui.

Au début des années 1960, cette finance internationale offshore va d'abord être utilisée par les banques comme paradis réglementaire leur permettant d'échapper aux règles de régulation nationales de contrôle des changes et de contrôle des banques. Le passage des changes fixes aux changes flottants va accélérer ce processus. Durant les années 1970, les paradis fiscaux vont plus largement servir les stratégies des firmes multinationales pour répondre à la crise du régime d'accumulation, le fordisme, qui avait permis la poussée de croissance des Trente Glorieuses.

Les eurodollars, paradis réglementaire et fiscal

L'historien David Kynaston [2001] raconte que, au début des années 1960, une plaisanterie courante dans les rédactions des journaux financiers britanniques consistait à demander aux photographes novices d'appeler la Banque d'Angleterre pour faire une photo d'un eurodollar. Les eurodollars n'ont pas d'existence matérielle, pas plus que le marché des eurodollars n'est un lieu physique. Les eurodollars sont un jeu d'écriture comptable qui permet à une banque installée en dehors des États-Unis d'effectuer des opérations en dollars sans que celles-ci soient considérées comme ayant eu lieu sur le lieu de résidence de la banque. Elles se produisent dans un espace fictif, l'offshore, dont la particularité est de n'être sous le contrôle d'aucune autorité publique.

Comment une telle chose a-t-elle pu être politiquement possible ? Comment les grands établissements financiers internationaux ont-ils réussi à duper la vigilance des banques centrales, en plein système de Bretton Woods dédié à l'encadrement strict des marchés de capitaux, pour créer un marché offshore, en dehors de toute régulation des autorités monétaires, non seulement américaines mais aussi des autres pays ? Le brillant journaliste économique britannique Paul Einzig [1964] l'avait compris dès le début des années 1960 et le chercheur Gary Burn l'a, plus récemment [1999], magistralement démontré.

S'il fallait désigner un personnage particulier auquel attribuer la naissance du marché des eurodollars, ce serait sans conteste Sir George Bolton. Expert des marchés des changes dans une banque d'affaires, il rejoint la Banque d'Angleterre dans laquelle il grimpe les échelons pour finir numéro deux en 1948. Les dirigeants de la Banque d'Angleterre terminent souvent leur carrière en allant diriger des banques privées : c'est ce qui amènera Bolton à prendre en 1957 la tête de la Bank of London and South America (BOLSA).

Grâce à son poste d'observation privilégié, Bolton a compris depuis longtemps que la livre sterling avait définitivement perdu sa place de première monnaie mondiale au détriment du dollar. Mais il est aussi persuadé que la City de Londres peut retrouver son rôle de première place financière mondiale en devenant le lieu où s'organise le business des dollars qui circulent en dehors des États-Unis. Il retire la BOLSA des activités internationales en sterling et se lance dans la chasse aux eurodollars dont sa banque va devenir l'un des premiers acteurs majeurs. Gary Burn, qui a reconstitué toute cette histoire à partir des archives de la Banque d'Angleterre, montre que cette institution avait largement les moyens réglementaires de s'opposer au développement de ce nouveau marché non régulé qui contrevenait directement aux plafonds d'engagements extérieurs qu'elle imposait aux banques. Mais elle ne le fera pas. Bien au contraire. Non seulement elle laissera faire, mais comme le montre le travail de l'historien italien Gianni Toniolo [2005], elle cherchera en permanence à minimiser les risques créés par ce marché en calmant les craintes exprimées par les autres banques centrales au sein de la Banque des règlements internationaux (BRI). Son objectif est clair : faire tout ce qui est en son pouvoir pour installer Londres comme première place financière mondiale. Bien que nationalisée depuis 1946, la Banque d'Angleterre est très sensible à l'expression de son indépendance en matière de régulation bancaire et est restée très proche des grands acteurs financiers de la City. Avec eux, elle veut que Londres reprenne le rôle financier central qui était le sien à la fin du XIXe siècle quand l'Angleterre dominait le monde. Et on peut dire rétrospectivement que c'est un véritable succès puisque la City est encore en 2006 le premier marché financier mondial, celui où les banques étrangères viennent s'installer en priorité, là où se passent environ un tiers des transactions de change, là où les banques détiennent le plus d'actifs internationaux, etc., loin devant New York (qui domine néanmoins le marché des émissions d'obligations internationales).

Einzig avait compris tout cela dès le début des années 1960, écrivant que « les autorités britanniques » — en fait uniquement la Banque d'Angleterre car comme l'a montré Burn, le ministère des Finances britannique n'ayant compris ce qui se passait que beaucoup plus tard — « avaient réalisé que ce qui comptait n'était pas tant que le commerce international soit financé en sterling que le fait qu'il le soit par la place de Londres » [Einzig, 1964, p. 8-9, 60-61, 116]. De fait, d'après le 34e rapport annuel de la BRI [1964, p. 134], les eurodollars servent au tout début à financer le commerce international, notamment dans le secteur agricole (coton, blé), même si le texte laisse entendre qu'une partie peut être utilisée par des spéculateurs aux États-Unis. La BRI souligne aussi que les crédits obtenus sont à même de nourrir l'inflation ou bien de retarder les ajustements de balance des paiements mais, au final, « il n'y a aucune évidence que les activités en eurodevises aient occasionné des écarts significatifs par rapport aux canons d'un comportement bancaire prudent », conclut, optimiste, le rapport [p. 141].

Y aurait-il eu des « écarts non significatifs » par rapport aux canons de la prudence bancaire ? Le rapport de la BRI [1964, p. 136], de même que Paul Einzig plus directement [1964, p. 33], laissent entendre que le marché des eurodollars sert déjà des comportements fiscaux douteux. Il est également clairement un paradis réglementaire pour les banques qui l'utilisent pour développer des activités spéculatives sur les marchés des changes. Ainsi, dès 1963, deux grands établissements financiers de l'époque, Stinnes et Ira Haupt, subissent de lourdes pertes du fait de paris perdus [Toniolo, 2005, p. 457]. D'autres s'en sortent mieux et deviennent de grands acteurs du marché à côté de la BOLSA, dont Schroders, la Société générale, l'Australia and New Zealand Bank, Kleinwort Benson [Kynaston, 2001, p. 269]. Les banques britanniques commencent à développer leurs activités à partir de Jersey, Guernesey, l'île de Man. À partir de 1964, l'arrivée de gros acteurs bancaires américains comme Citibank, Chase Manhattan et

Bank of America, bientôt suivis par d'autres, va contribuer à étendre le marché [Toniolo, 2005, p. 454]. Les banques américaines et canadiennes installent leurs filiales à Londres mais s'aperçoivent vite qu'elles peuvent bénéficier des mêmes avantages en s'établissant dans les territoires d'outremer britanniques (Bahamas, Bermudes, îles Caïman) sans décalage horaire avec la côte Est américaine. Toutes ces « petites îles » situées à proximité des grands centres financiers commencent ainsi à prendre leur place dans la mondialisation financière.

Avec une grande lucidité, Einzig comprend dès le début la nature des risques que fait peser ce nouveau marché. Il prévient que des pays en développement risquent d'y recourir de manière excessive, ce qui les mettra dans l'impossibilité de rembourser leur dette extérieure et provoquera des retraits de capitaux brutaux qui les affecteront et pourront toucher le système financier mondial dans son ensemble, décrivant ni plus ni moins les crises de financement des pays du Sud des années 1980 et 1990 !

Surtout, il a compris combien ce marché non régulé peut servir à réduire la traçabilité des transactions financières internationales : « Dans ce marché, où les mêmes sommes peuvent être prêtées et reprêtées des douzaines de fois, aucun créditeur ne sait si celui qui lui emprunte l'argent va s'en servir pour accorder un autre crédit, à court ou à long terme, pour financer du commerce extérieur ou domestique, pour arbitrer ou spéculer. Il n'a aucune idée vers quel pays, quelle entreprise ses dépôts en eurodollar seront envoyés. Quant à l'utilisation des eurodollars par l'emprunteur ultime, les premiers prêteurs ne peuvent même pas essayer de le deviner car ils n'ont aucun moyen de connaître son identité » [1964, p. 65-66]. Dans un rapport publié à la fin 1999, la Banque d'Angleterre écrira que la localisation des transactions financières « est de plus en plus difficile à déterminer — une transaction peut se produire entre deux entités dans deux endroits différents, pour le compte d'un client situé dans un troisième, avant d'être réglée dans un quatrième endroit ». La création du marché des eurodollars a été le premier pas d'une libéralisation financière internationale qui, écrit Michel Aglietta [2002] quarante ans après Einzig, a entraîné « une élévation sensible du niveau de risque et une détérioration de la qualité de son contrôle [...], il se forme ainsi des chaînes de risque opaques aux autorités prudentielles ». Et, pourrait-on ajouter, tout aussi opaques pour les intermédiaires financiers qui les mettent en œuvre, comme l'indiquait Einzig dès le début de son livre, soulignant que les caractéristiques du marché des eurodollars échappaient aussi bien aux banques privées qu'aux autorités publiques, faisant ainsi de la finance mondiale une zone de non-gouvernance internationale [Strange, 1996].

Quelques acteurs privés ont parfois exprimé leur inquiétude. On trouve ainsi trace en novembre 1962 des doutes de Charles Hambro, patron de la banque Hambros, demandant avis à la Banque d'Angleterre, qui lui répond en janvier 1963 : « Il y a bien sûr des risques [...], nous n'avons jamais pensé cependant que l'existence de risques nous fournissait des raisons pour chercher à restreindre le développement de ce marché » [cité par Burn, 1999, p. 242]. Une inquiétude partagée par certaines autorités publiques : un groupe d'experts de banques centrales se réunit sur le sujet dès 1961 à la BRI et la question de la régulation prudentielle du marché sera abordée maintes fois au cours des années 1960. À chaque fois, la Banque d'Angleterre démine le terrain et convainc ses collègues de le laisser se développer. C'est ainsi qu'année après année, la BRI n'aura de cesse de minimiser publiquement les risques décrits plus haut. À tel point que, comme certaines banques centrales, elle place elle-même une partie de ses réserves sur le marché des eurodollars, attirée elle aussi par la possibilité de se faire rémunérer des dépôts en dollars à très court terme par les filiales des banques américaines à Londres, contournant ainsi la réglementation de la Banque centrale des États-Unis qui l'interdisait ! Ce qui lui vaudra cette remarque d'un haut fonctionnaire de la Banque de France dans une note confidentielle au gouverneur : « Je sais bien que la BRI doit gagner sa vie. Mais

Graphique 3. **L'explosion du marché des eurodollars**
(Stock des actifs en milliards de dollars, net des doublons dus aux opérations entre banques)

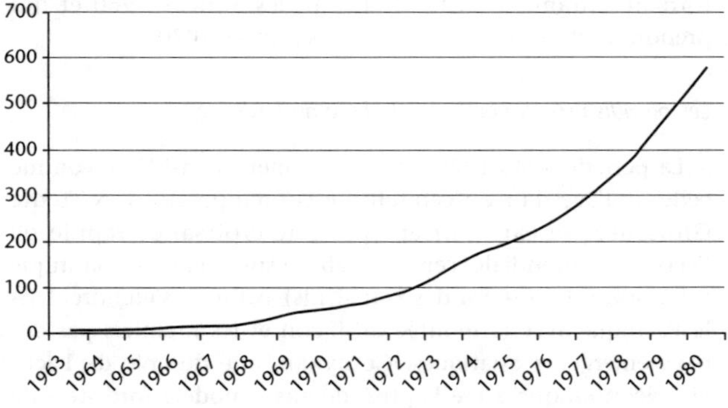

Source : BRI.

Il n'existe pas de source fiable sur les origines du marché des eurodollars. Les spécialistes estiment que les dépôts en dollars hors des États-Unis étaient un peu supérieurs à 1 milliard de dollars en 1960.

n'est-il pas piquant de constater que, comme banque, elle encourage les transactions en eurodevises, alors que, comme club, elle s'en inquiète ? » [cité par Toniolo, 2005, p. 608]. À sa décharge, la BRI ne fait que reproduire le comportement de ses membres, les banques centrales, qui, au début des années 1960, jouent un rôle essentiel dans le développement du marché puisqu'elles sont la source des deux tiers des dépôts [Einzig, 1964, p. 27] (un comportement avec lequel certaines d'entre elles semblent renouer depuis 2000 pour placer leurs réserves en dollars, voir McCauley [2005]).

Peu regardant sur le contournement des lois fiscales et des réglementations bancaires, trou noir des flux financiers internationaux, innovation financière encouragée par les banques centrales, le marché des eurodollars ne pouvait que devenir l'espace naturel de développement des paradis fiscaux. Une potentialité qui va devenir réalité avec la crise du modèle fordiste entamé à partir de la fin des années 1960 et qui prendra toute son ampleur dans les années 1970.

Les paradis fiscaux portés par la crise du fordisme

La période 1945-1970 est généralement considérée comme celle de l'âge d'or du capitalisme contemporain. Ces Trente Glorieuses se caractérisent par une croissance rapide de l'économie mondiale, centrée d'abord sur le bassin Atlantique (l'Europe et la côte Est des États-Unis) avant de s'étendre dans le Pacifique avec la montée du Japon et les premiers pas des pays émergents asiatiques. Ce dynamisme durable de l'activité économique a été baptisé depuis « modèle fordiste » de croissance. Le succès du fordisme repose sur la combinaison de plusieurs éléments [Boyer et Saillard, 2002] : une organisation du travail fondée sur le taylorisme impliquant une parcellisation des tâches poussée à l'extrême devant permettre un haut niveau de productivité ; un compromis capital-travail qui permet aux salariés de récupérer en hausse de salaires une partie des gains de productivité, ce qui nourrit la demande intérieure mais incite les entrepreneurs à augmenter les prix en retour, suscitant en réponse des demandes d'indexation des salaires sur les prix que les salariés, organisés syndicalement, arrivent à obtenir ; un État-Providence qui stabilise les revenus et la demande ; une concurrence oligopolistique et un fonctionnement en économie fermée, qui permettent aux entreprises de ne pas trop avoir à se soucier de leur compétitivité.

La crise de ce modèle s'ouvre aux États-Unis à la fin des années 1960 et ne tardera pas à se diffuser aux autres pays industrialisés au cours des années 1970 et 1980, nourrie par la flambée des prix du pétrole et des matières premières à partir de 1973. Plusieurs raisons ont été avancées pour expliquer l'entrée en crise du fordisme marquée par une chute de la profitabilité des entreprises : la pénibilité du travail à la chaîne a fini par réduire la productivité du travail, la suraccumulation d'investissements des années 1960 a provoqué une chute des rendements, la baisse de la productivité ne s'est pas traduite par un ralentissement des augmentations de salaires, etc.

Il n'est pas dans notre propos ici d'entrer dans les débats sur la nature des succès et de la crise du fordisme. Ce bref rappel nous permet juste de souligner que les entreprises des grands pays industrialisés, États-Unis en tête, se sont trouvées à partir de la fin des années 1960 dans l'obligation d'élaborer de nouvelles stratégies destinées à rétablir leur profitabilité. Ce n'est ainsi pas un hasard si le véritable boom des pavillons de complaisance, des zones franches de production et des paradis fiscaux démarre à ce moment-là. Tous ont participé à la constitution d'une économie offshore dont le développement a représenté l'une des réponses du capitalisme contemporain à la crise structurelle dont il était victime [Palan, 2003].

Reprenant les catégories de l'économiste américain Albert O. Hirshman, on peut dire que la crise du fordisme a entraîné des réactions de « prise de parole » (*Voice*) symbolisées par la montée de l'idéologie et des partis politiques adeptes du libéralisme économique et par des stratégies de « sortie » (*Exit*), les entreprises et les établissements financiers recherchant des localisations alternatives pour réduire leurs coûts salariaux, échapper aux conflits sociaux et réduire leur participation au financement de l'État-Providence. Certains pays dits périphériques les ont alors accueillis à bras ouverts, comme la Grèce, l'Espagne ou le Portugal, le Brésil, l'Argentine, le Mexique, et bien entendu ceux que l'on n'allait pas tarder à baptiser les « dragons asiatiques » (Corée du Sud, Taiwan, Singapour, Hong Kong). Les paradis fiscaux ont été l'un des principaux instruments qui ont permis cette internationalisation du capital. Offrant des conditions fiscales avantageuses, le principe de la résidence fictive, la protection du secret des transactions et un marché financier développé aux activités difficilement repérables, ils répondaient exactement aux besoins des entreprises.

Les multinationales ont vite compris les avantages qu'elles pouvaient retirer d'une implantation dans les paradis fiscaux : l'accès aux facilités financières du marché des eurodollars, la réduction de leur fiscalité — notamment par le mécanisme des prix de transfert, consistant pour les différentes filiales d'une même entreprise à vendre des biens et des services à des prix déterminés de telle sorte que les bénéfices du groupe apparaissent dans la société localisée dans un paradis fiscal —, l'avantage politique à faire ainsi pression sur leurs gouvernements. Si les autorités politiques américaines, inquiètes de ces développements, ont d'abord voulu les maîtriser (voir chapitre IV), elles ont rapidement conclu qu'elles en étaient incapables et ont préféré répondre en offrant aux entreprises des réductions d'impôts et autres incitations introduisant les principes de fonctionnement de l'offshore dans l'onshore. Après le développement de Londres, de Hong Kong, de la Suisse, du Luxembourg, de l'Asian Curency Market de Singapour (un marché financier offshore légèrement réglementé créé par Singapour dès 1968), des îles anglo-normandes et des Caraïbes, les États-Unis se dotaient au début des années 1980 d'une *International Banking Facility* inspirée de Singapour et le Japon d'un *Japanese Offshore Market* affecté aux mêmes fonctions.

Dans le même temps, les établissements financiers continuaient à s'implanter dans les paradis fiscaux pour contourner les contraintes réglementaires de leur pays d'origine (encadrement du crédit, réserves obligatoires, séparation entre les métiers de banque de détail et de banque d'affaires, etc.) et accompagner de leurs services l'internationalisation des entreprises. Tout cela incitait en retour les paradis fiscaux à développer leurs services, en investissant dans les infrastructures de communication, en innovant sur le plan juridique pour attirer les entreprises, etc.

Les rapports annuels de la BRI soulignent ainsi dès 1970 la place particulière que prennent déjà les Bahamas, la Suisse étant dès l'origine l'un des acteurs majeurs du marché des eurodollars. Les Bermudes sont aussi bientôt cités, puis

Singapour, avant que le rapport annuel de 1976 consacre une section spéciale à la place prise par les paradis fiscaux dans la finance mondiale. La BRI prend bien soin de souligner combien ses informations statistiques sont incomplètes mais, selon les données fournies par l'institution, au milieu des années 1970 environ 15 %-16 % des crédits et 10 %-12 % des dépôts, au minimum, passaient déjà par les quelques centres financiers offshore reconnus comme tels.

Les paradis fiscaux sont ainsi devenus au cours des années 1970 l'un des centres d'expansion du libéralisme économique et financier à l'échelle planétaire. Il n'a jamais été dans l'intention de quiconque de les créer afin de servir cet objectif politique. L'histoire qui les a amenés à devenir les piliers de la mondialisation économique contemporaine s'est construite sur presque un siècle autour de pays, d'acteurs, de stratégies différentes. Des États, des banques centrales, des juges, des avocats, des banquiers, acteurs publics et privés, y sont étroitement mêlés et des événements extérieurs à leur propre histoire, comme le déclenchement de la crise économique à partir de la fin des années 1960, y ont largement concouru.

« Pour les individus privés, l'accumulation sert à protéger la richesse des caprices du monde extérieur sous une forme tangible où elle puisse être enterrée bref, par laquelle elle entre dans une relation de secret total à l'individu. »

Karl MARX,
philosophe, Grundrisse, 1857.

III / Des paradis fiscaux, pour quoi faire ?

Bien que les paradis fiscaux fassent commerce d'opacité, le premier chapitre a montré que l'on pouvait recueillir un nombre d'informations appréciables sur leur rôle central dans la mondialisation. Il s'agit maintenant de présenter un peu plus en détail ceux qui utilisent ces territoires. Pour cela, il faut d'abord décrire les instruments grâce auxquels ce *bright guilty world*, comme le qualifiait Orson Welles dans *La Dame de Shanghai*, vit quotidiennement.

Les outils à disposition

Il existe une multitude de produits financiers — baptisés *Special Purpose Vehicle* (SPV) ou *Special Purpose Entity* (SPE), soit en français « société *ad hoc* » — dans lesquels puisent les différents utilisateurs des paradis fiscaux. Ces sociétés sont des filiales des grandes entreprises destinées à l'origine à servir d'instrument de gestion du risque, comme par exemple lors du financement de gros projets. Si, pour les économistes, elles ne servent principalement qu'à réduire le coût des faillites [Gorton et Souleles, 2005], certaines faiblesses dans leur régulation comptable ont permis d'autres formes d'utilisation. Leurs caractéristiques premières consistent à assumer trois grandes fonctions : changer le lieu de résidence de l'individu ou de l'entreprise concerné, changer l'origine géographique de ses revenus, créer une toile complexe de dissimulation. L'objectif final est toujours le même : permettre de donner un voile légal à des opérations qui, en général, ne le sont pas. Dans la longue liste des outils à disposition [OCDE, 2001], on peut en retenir quatre :

— l'International Business Corporation (IBC) : créée pour environ 100 dollars dans les paradis fiscaux meilleur marché et coûtant généralement aux environs de 500 dollars, les IBC sont des entreprises qui permettent de lever des capitaux (y compris par émission d'actions ou d'obligations sur les grands marchés financiers internationaux). Elles sont normalement exclues de toute forme d'imposition sur les profits, les gains en capital et n'ont aucune obligation de fournir des données comptables régulières, chaque territoire offrant en la matière ses propres particularités. Elles ont généralement pour interdiction d'entrer en affaires avec les résidents des territoires où elles sont enregistrées. Les IBC sont aussi utilisées pour des opérations légales comme la détention de droits de propriété, ou l'organisation d'activités de *trading* sur les marchés financiers. Leur nombre dans le monde est estimé à deux millions et croît de l'ordre de 10 % à 15 % par an ;

— la fondation : une fondation n'a pas de propriétaire ou d'actionnaire. Elle est créée pour gérer des biens dont les revenus doivent servir un objectif précis, déclaré par la fondation. Les Antilles néerlandaises, l'Autriche, le Danemark, le Panama, les Pays-Bas, la Suisse, etc. autorisent la création de fondations privées. Des fondations formées aux Pays-Bas sont considérées comme servant des activités criminelles. Au Panama, aucune autorisation n'est nécessaire pour créer une fondation ;

— le trust : c'est un accord contractuel entre deux personnes privées qui permet d'instaurer une barrière entre le détenteur légal d'un actif et son bénéficiaire réel. Cet instrument juridique permet de transférer la propriété de biens ou d'actifs financiers à une autre personne physique ou morale qui en a la garde ou la gestion pour compte de tiers. Contrairement aux IBC, il n'y a pas de procédure d'enregistrement en tant que telle et donc de registre central des trusts. C'est l'un des instruments favoris de fraude fiscale et de dissimulation d'actifs aux yeux des créanciers ou des anciennes épouses. Une pratique utilisée dès les années 1920 dans les îles de la Manche et en Suisse et qui a connu un fort développement à partir des années 1960. Une fois transféré dans un trust offshore, un actif est très difficilement traçable. Même lorsque les actifs sont repérés, leur rapatriement demande beaucoup de temps et d'argent. Aux îles Cook, à Nevis, à Niue, la loi permet de ne pas mentionner le nom des parties prenantes lors de la signature de l'accord. Selon une estimation, regroupant des informations très partielles, du *Step Journal* [2004], une publication financière spécialisée, il existait en 2004 au moins 1 000 trusts gérant environ 350 000 comptes offshore pour un montant d'actifs gérés estimé entre 3 000 et 8 000 milliards de dollars. Selon une enquête réalisée par ce journal auprès des trente et un territoires offshore les plus impliqués sur ce segment de marché, les trusts sont utilisés en premier lieu comme instrument de gestion de fortune (35 % de réponses), puis comme outil de réduction d'impôts (25 %), les deux se recoupant largement ;

— l'Anstalt : hybride entre la fondation et le trust, il est la spécialité du Liechtenstein. Inventé dans les années 1920, c'est un instrument privilégié notamment par les familles fortunées souhaitant éviter les droits de succession. Selon Jules Stewart [1996], « l'Anstalt est considéré comme le must en matière de secret bancaire. Alors qu'en Suisse les banquiers ont l'obligation légale de connaître l'identité des détenteurs de comptes, aucune obligation de cette sorte n'existe au Liechtenstein, sauf dans le cas d'une suspicion d'activités criminelles ». Personne ne connaît le nombre d'Anstalt en activité. Dans leur rapport sur ce territoire [2000], Peillon et Montebourg estimaient leur nombre à 13 000.

Bien que le trust ou l'Anstalt permettent un niveau élevé de dissimulation d'identité, il existe toute une série de mécanismes qui renforcent le niveau de secret des transactions. Parmi ceux-ci, les actions aux porteurs (celui qui en détient dans son coffre est considéré comme le propriétaire légal de la société, quel que soit le véritable propriétaire) ou les PDG de paille (des directeurs d'entreprise dont le nom apparaît sur tous les documents légaux mais qui n'exercent en fait aucun pouvoir, les décisions étant prises par les véritables propriétaires). Les clients des paradis fiscaux combinent généralement plusieurs de ces procédés. Certains trusts comportent également des *flee clauses* (« clauses de fuite ») qui permettent, en cas de besoin, de transférer immédiatement les actifs détenus dans une autre juridiction.

Les sociétés *ad hoc* sont d'abord apparues dans les opérations de crédit-bail des sociétés aériennes avant de se développer à partir des années 1980. Dans sa description des affaires Vivendi Universal, Enron, Parmalat et Worldcom, Nicolas Cori [2005] décrit précisément les modes d'utilisation de ces sociétés et la façon dont plusieurs grandes banques internationales y sont associées. La fausse comptabilité d'Enron utilisait environ 800 de ces types de sociétés enregistrées dans de multiples paradis fiscaux. On les retrouve également chez Parmalat (l'une d'elles baptisée judicieusement Buconero, « trou noir », enregistrée dans l'État du Delaware, d'autres aux îles Caïman) et Worldcom (Delaware, Bermudes...). Les spécialistes du blanchiment d'argent décrivent de leur côté l'utilisation de ces instruments pour les opérations criminelles [par exemple, Koutouzis et Thony, 2005, p. 36], mais tous les clients des paradis fiscaux y ont recours. Qui sont-ils ?

Les riches

Pour les personnes fortunées, l'intérêt des paradis fiscaux réside à l'évidence dans la possibilité qu'ils offrent de réduire leurs impôts sur leurs revenus et sur leurs placements. Mais c'est loin d'être le seul motif. Ils permettent également d'échapper aux droits de succession ou aux pensions alimentaires à verser en cas de divorce. Ces deux dernières raisons représentent l'une des sources de développement des paradis fiscaux depuis les années 1990 [Diamond et Diamond, 1998]. Les Bermudes, en particulier, se sont développées sur ce nouveau créneau. Il faut également mentionner les élites fortunées des pays victimes d'instabilité politique et économique dont les fuites de capitaux à l'étranger empruntent les circuits financiers offshore. Fin 2005, le Comité d'aide au développement de l'OCDE a d'ailleurs demandé à la Suisse de se préoccuper de son rôle en la matière lors de l'examen de la politique de coopération du pays.

Le moyen le plus simple d'éviter de payer des impôts dans un pays est de devenir résident d'un autre pays aux cieux fiscaux plus cléments. Pilotes de Formule 1, vedettes du tennis, rois et reines du « show bizz » et autres célébrités, accompagnées de certains salariés expatriés, en sont les premiers utilisateurs, ce qui explique leur médiatisation récurrente. Les hommes politiques s'indignent alors en public, soit de l'absence de patriotisme des personnes concernées, soit du trop haut niveau d'imposition de l'impôt sur la fortune qui les obligerait à un tel comportement. L'actrice Elisabeth Taylor avait défrayé la chronique en son temps en s'installant en Suisse. La perspective du déménagement du mannequin Laetitia Casta de Paris à Londres en 2000 est quasiment devenue une affaire nationale… Monaco, San Marin, les Bahamas, Dubaï et quelques autres territoires se sont spécialisés dans l'offre de services aux vedettes mondiales. La littérature sur les paradis fiscaux a inventé pour eux l'expression « TP », « touristes permanents », une tribu nomade se déplaçant dans l'économie offshore, toujours en résidence temporaire. Mais, comme l'explique Bill Maurer [1998, p. 105], « le TP peut habiter la plupart du temps, voire tout le temps, au même endroit. Le TP est un concept ». La société Freedom Ship International tente depuis 2005 d'en faire une réalité en lançant le projet d'une plateforme marine mobile se déplaçant autour du monde durant un cycle de deux ans, uniquement dans les eaux internationales et pouvant accueillir 18 000 résidents, « un endroit idéal pour vivre et gérer ses affaires » (www.freedomship.com), notamment fiscales...

La deuxième méthode pour éviter de payer des impôts est d'enregistrer une société dans un paradis fiscal. Les personnes aux revenus très élevés, un footballeur professionnel, un directeur financier d'une grande entreprise, un inventeur de logiciels et, de plus en plus, des patrons de PME, créent une société à laquelle leurs salaires seront versés. Ils deviennent alors à leur tour salariés de leur propre entreprise mais ne reçoivent qu'une rémunération symbolique qu'ils rapatrient dans leur pays et qui est taxée, l'essentiel de leur revenu restant dans les comptes de leur société installée dans le paradis fiscal.

La troisième méthode, un peu plus complexe, mais la plus utilisée, est de multiplier les revenus issus de sociétés différentes, situées dans des juridictions différentes. C'est là que les caractéristiques de non-transparence et de secret sont les plus utilisées. Les autorités administratives et financières d'un paradis fiscal acceptent de ne pas connaître les véritables identités des propriétaires des entreprises enregistrées sur leur territoire. À Gibraltar, les « propriétaires » sont généralement des habitants de l'île payés pour servir de prête-nom. On a vu plus haut combien les trusts étaient prisés par les individus fortunés.

La gestion de fortunes privées (celles des *high net-worth individuals*, HNWIs ou *henwees* dans la littérature spécialisée) fait l'objet d'une industrie mondiale, baptisée par les banquiers de *private banking*, qui gère de l'ordre de 7 000 milliards d'euros. La Suisse est le premier centre mondial en la matière, avec une part de marché d'environ 30 %. Le secteur financier suisse, dans son ensemble, emploie près de 200 000 personnes, soit 6 % de la population active, et contribue à hauteur de 14,5 % du PIB. Singapour talonne désormais la place genevoise s'appuyant sur les activités de gestion de fortune provenant des marchés japonais et, de manière croissante, chinois et indien, mais également du reste du monde (notamment européen).

Les multinationales

Les entreprises multinationales utilisent les paradis fiscaux pour réduire leur imposition mais aussi pour d'autres motifs, par exemple pour échapper à des contraintes réglementaires ou dissimuler un niveau élevé d'endettement et présenter des comptes supposés sains. Sur le principe, les méthodes utilisées par les firmes ne sont pas différentes de celles mises en œuvre par les individus fortunés. La complexité de leurs opérations combinée aux montants financiers en jeu rend juste leur utilisation des paradis fiscaux plus sophistiquée.

Pour bien comprendre l'utilisation que font les multinationales des paradis fiscaux, il faut présenter la distinction entre la taxation sur le lieu de la source des profits et la taxation sur le lieu de résidence des entreprises. Selon le principe de la source, un État impose les profits des entreprises présentes sur son territoire, qu'elles soient nationales ou étrangères. Selon le principe de résidence, les entreprises sont taxées en fonction du territoire où elles sont enregistrées, quel que soit le lieu dans le monde où elles réalisent leurs profits. Devant la difficulté à attribuer à des multinationales la part des profits affectables à tel ou tel territoire, le principe de résidence s'est imposé comme la norme d'imposition des entreprises.

Selon ce principe, les firmes et leurs filiales sont donc taxées sur le lieu de leur enregistrement, ce qui ouvre bien entendu la porte à des stratégies de localisation pour raisons fiscales. Par exemple, une entreprise américaine qui souhaite investir en France peut y investir directement, ou bien établir une filiale fictive aux Bermudes qui investira en France. À partir de là, tout est possible pour échapper aux impôts que l'entreprise aurait dû payer en France ou aux États-Unis. Par exemple, l'entreprise des Bermudes va faire payer à la filiale française de lourdes charges de management, de conseils, de marketing, etc., diminuant d'autant les profits réalisés en France pour les augmenter aux Bermudes. La multinationale américaine peut alors décider de rapatrier les profits de sa filiale aux Bermudes, et payer les impôts correspondants aux États-Unis, ou bien laisser les profits aux Bermudes pour les réinvestir n'importe où dans le monde, notamment aux États-Unis. L'opacité prévalant aux Bermudes, ni le fisc français ni le fisc américain ne connaîtront sans une enquête diligente la véritable nature des flux financiers concernés. Fin 2005, le fisc américain s'inquiétait de voir la filiale irlandaise du géant Microsoft détenir les droits de la propriété intellectuelle de l'entreprise pour l'Europe, le Moyen-Orient et l'Afrique, des actifs évalués à environ 16 milliards de dollars. Une activité profitable qui l'a conduit à payer l'équivalent d'un milliard de dollars d'impôts au fisc irlandais entre 2001 et 2004, au taux local de 12,5 %. La propriété intellectuelle des logiciels inventés par Microsoft appartient à l'origine à la maison mère américaine. Mais les profits ainsi récupérés y auraient été taxés à 35 %.

L'économiste américain John Commons a montré qu'à partir de la fin du XIXe siècle, les tribunaux américains ont progressivement reconnu le fait que les entreprises disposent, au-delà de leurs machines et de leurs usines, d'actifs « immatériels », comme leur marque, des brevets, des droits de propriété intellectuelle, etc. Ces actifs étant immatériels, il n'existe pas de marché affichant leur valeur qui fait donc l'objet d'appréciations subjectives. Les nouvelles normes comptables internationales en vigueur dans les sociétés cotées européennes depuis 2005 prévoient que la valeur des actifs

Tableau 4. **Les entreprises dans les paradis fiscaux**

Territoires	Entreprises
Anguilla	7 400
Antigua et Barbuda	10 300
Bahamas	42 616
Barbade	21 416
Belize	37 370
Bermudes	17 718
Îles Vierges britanniques	619 916
Brunei	2 500
Îles Caïman	72 000
Îles Cook	15 000
Chypre	148 933
Gibraltar	31 142
Guernesey	17 170
Hong Kong	547 455
Île de Man	35 821
Jersey	33 936
Labuan	4 915
Madère	5 062
Maurice	21 302
Niue	9 678
Panama	369 652
Sainte-Lucie	1 361
Saint-Vincent et les Grenadines	11 383
Seychelles	16 873
Singapour	110
Western Samoa	18 500

Source : *Step Journal* et lawtax.net, 2004.
Estimation très fragmentaire réalisée à partir des rapports nationaux.

immatériels doit être évaluée avec des modèles théoriques qui font « comme si » il existait un marché : cela permet de calculer les profits ou coûts futurs éventuels auxquels serait confrontée l'entreprise « si » elle devait vendre tel ou tel de ces actifs. « Prix de modèle, fable sur les prix ! », a répondu le financier américain et deuxième fortune mondiale Warren Buffet, qui critique largement cette nouvelle comptabilité qui ne porte plus sur l'observation de ce que l'entreprise produit, mais sur une prédiction de ce que pourrait être la valeur que lui attribuerait un marché hypothétique. Une situation qui permet en tout cas aux firmes multinationales, comme Microsoft, de faire payer à leurs filiales le coût de l'utilisation de leurs actifs immatériels (le droit d'utiliser un logo, un brevet...), logés dans des entreprises enregistrées dans des paradis fiscaux, au prix qui leur convient le mieux pour optimiser la localisation de leurs profits.

Certaines entreprises franchissent un pas supplémentaire et vont installer non pas une filiale mais leur maison mère dans un paradis fiscal. Une pratique baptisée par les Anglo-Saxons d'« inversion ». Celle-ci a connu une forte accélération au début des années 2000 [Olson, 2002].

Dans le monde réel des multinationales, les relations ne se résument pas aux liens entre deux entreprises, l'une dans un paradis fiscal et sa filiale ailleurs ou l'inverse. Les multinationales exercent leurs activités dans une multitude de pays. Par exemple, à la fin 2005, environ la moitié des entreprises françaises du CAC 40 réalisaient plus de 50 % de leur chiffre d'affaires à l'étranger. La stratégie de minimisation de la fiscalité passe alors par une définition optimale des « prix de transfert » : ce sont les prix auxquels les différentes entreprises d'un même groupe se vendent des biens ou des services. Ils sont censés ne pas être différents de ceux qui doivent prévaloir entre deux entreprises indépendantes. Plusieurs pays, unilatéralement ou dans le cadre d'accords bilatéraux ou multilatéraux, ont fixé des normes réglementaires en la matière. Mais, dans la réalité, les prix de transfert sont largement manipulés par les entreprises qui font supporter des prix élevés aux filiales localisées dans les pays à niveau d'imposition élevé afin de réduire les profits réalisés sur ces territoires.

Simon J. Pack et John Zdanowicz [2002] se sont plongés dans les statistiques de prix de transfert entre filiales et maisons mères des multinationales américaines. Ils ont pu mettre en évidence des anomalies flagrantes : des sceaux d'eau en plastique en provenance de la République tchèque importés aux États-Unis au prix astronomique de 972,98 dollars l'unité, des gants de toilette en provenance de Chine à 4 121,81 dollars le kilo, ou des verrous venant de France à 3 067,17 dollars le kilo, tandis que des lance-missiles américains sont exportés en Israël pour la modeste somme de 52,03 dollars chacun, des diamants exportés en Inde à 13,45 dollars le carat, des caméras 35 mm exportées en Colombie à 7,44 dollars l'unité ou des sièges de voiture vendus en Belgique à 1,66 dollar l'unité. Les deux chercheurs ont estimé que ces pratiques avaient fait perdre 53,1 milliards de recettes fiscales au budget américain en 2001, un montant en forte croissance (35,7 milliards en 1998).

Selon un sondage réalisé auprès d'un large échantillon de 476 multinationales établies dans 22 pays par le cabinet Ernst & Young à la fin 2005, la question des prix de transfert est considérée comme la plus importante du point de vue de la stratégie fiscale ; 77 % des entreprises indiquent qu'elle est au cœur de leur stratégie pour 2006-2007 ; 68 % des multinationales (43 % en 2000) déclaraient intégrer désormais la stratégie fiscale de prix de transfert dès la phase initiale de conception de leurs produits. Le taux monte à 80 % (contre 40 % en 2000) pour les firmes américaines. Le même sondage indiquait que les gouvernements semblent s'impliquer de plus en plus dans la traque aux pratiques fiscales abusives en ce domaine : 67 % des maisons mères et 59 % des filiales déclaraient avoir été contrôlées sur ce thème depuis 2001, respectivement 44 % et 34 % des cas donnant lieu à des redressements.

Les stratégies fiscales des entreprises sont de plus en plus déterminées par des professionnels de l'impôt, salariés ou consultants extérieurs issus des grands cabinets d'audit. Selon un rapport du centre de recherche Sustain Ability, le conseil d'administration n'intervient en ce domaine que dans 38 % des grandes entreprises — même si les entreprises montrent une probabilité trois fois plus grande de recourir à l'évasion fiscale lorsque le PDG a lui-même recours à ces pratiques

[Slemrod, 2004, p. 15]. Les politiques fiscales privées sont essentiellement du ressort de techniciens arbitrant entre minimisation des impôts et risque de réputation. Les départements fiscaux sont considérés, à l'instar des départements de gestion de trésorerie, comme des centres de profit devant créer de la valeur pour l'entreprise, les rémunérations de cette technostructure étant majoritairement indexées sur les résultats obtenus [Slemrod, 2004, p. 11]. Dans une enquête réalisée en 2000 par le magazine *Fortune* auprès de 1 000 directeurs de services fiscaux de grandes entreprises, 46 % indiquaient que leur travail était d'abord jugé par leur capacité à faire baisser le taux d'imposition effectif de l'entreprise ; 16 % répondaient que leur objectif premier était la recherche de mise en conformité des pratiques fiscales avec la loi ; aucun qu'ils étaient jugés sur la véracité de la situation fiscale déclarée.

Les financiers

Banquiers

L'industrie de la finance a connu au cours du XXe siècle une longue période de régulation. Aux États-Unis, les règles publiques ont été introduites à la suite de la crise de 1929 afin d'établir des frontières et d'éviter les contagions, entre banque de détail et banque d'affaires, assurance, etc. Au Japon ou en France, l'intervention publique visait également à mettre le système financier au service des choix de long terme des autorités politiques.

À partir des années 1950 et 1960, les banques américaines, le plus souvent avec l'approbation tacite des autorités de surveillance, ont commencé à établir des filiales offshore leur permettant d'échapper à une partie de la réglementation. La croissance des activités internationales des firmes a complexifié leurs opérations financières et d'investissement, incitant leurs banquiers à faire de même. Toutes les grandes banques internationales disposent aujourd'hui d'un réseau de filiales installées dans les paradis fiscaux. Le groupe ATTAC du Sud-Luberon tente, par exemple, de tenir à jour la liste des implantations des grandes banques françaises dans ces territoires offshore et on peut voir qu'elles sont nombreuses (www.local.attac.org/84/SL/implant_banques.htm) !

Plusieurs enquêtes précises sont venues mettre en lumière les différents types d'utilisation des paradis fiscaux par les banques. On a vu dans le premier chapitre combien ces territoires représentent désormais une infrastructure essentielle de la finance internationale, s'inscrivant comme l'une des caractéristiques fortes, bien que peu mise en avant par les économistes, de la libéralisation financière contemporaine.

Les banques utilisent les paradis fiscaux pour faire fonctionner aussi bien les aspects licites que les aspects illicites de la globalisation financière. Tous les scandales financiers de ces dernières années (Enron, etc.) ont impliqué les plus grandes banques internationales (Citigroup avec Enron et Parmalat, Chase Manhattan avec Enron, Société générale avec Vivendi...) [Cori, 2005]. En septembre 2000, la Federal Banking Commission suisse a rendu public les noms des banques impliquées dans la gestion de l'argent détourné par l'ancien dictateur du Nigeria, Sani Abacha : Crédit suisse, Crédit agricole Indosuez, BNP, Baring Brothers et bien d'autres. Pourquoi cette transparence soudaine ? La Suisse, qui en a assez d'être la seule place financière européenne à être montrée du doigt, a voulu signifier qu'elle n'était qu'un acteur mineur des circuits de l'argent sale international et que les vrais coupables étaient ailleurs, en particulier au Royaume-Uni, à la City, dans le cœur financier de l'Europe. Sur les 4 milliards de dollars détournés qui sont passés en Suisse, 59 % provenaient de Londres et 42 % y sont retournés. Le régulateur britannique, la FSA (Financial Services Authority), a lancé sa propre enquête dans vingt-trois banques installées à la City. Résultat : seuls huit établissements avaient fait ce qu'il fallait pour éviter d'être pris dans cette histoire, les quinze autres montrant des

« faiblesses significatives » dans leur volonté d'échapper aux réseaux de l'argent illicite. Suit une longue liste de ces faiblesses... mais aucun nom de banque. La presse spécialisée, moins prude, a laissé entendre que Barclays, HSBC, Standard Chartered, Merry Lynch, la crème de la finance londonienne, étaient impliquées.

En février 2001, le sénateur démocrate Carl Levin remet un rapport explosif sur la participation au blanchiment d'argent des banques installées sur le territoire américain. La liste s'allonge : Citigroup, Bank of New York, Bank of America, J.P. Morgan Chase, etc., tous les grands noms de la finance outre-Atlantique. L'intérêt de ce rapport est de mettre à jour l'un des circuits majeurs par lesquels les plus grosses banques installées aux États-Unis participent à la circulation de l'argent sale : le *correspondent banking*. Comme cela représente une pratique courante de toutes les grandes banques internationales, sa démonstration vaut également pour le reste du monde. Le *correspondent banking* intervient quand une banque offre ses services à une autre banque située à l'étranger. Ce sera sa banque « correspondante ». Chaque grande banque internationale sert ainsi de correspondante à plusieurs milliers d'autres banques, ce qui rapporte beaucoup. Parmi tous les services rendus, l'un des principaux est de fournir un accès aux réseaux électroniques de transferts internationaux de fonds ou de titres financiers. C'est ce qui intéresse tous ceux qui souhaitent dissimuler des flux financiers. Ils se protègent en ajoutant une étape supplémentaire : une banque écran est créée dans un paradis fiscal qui sera cliente d'une plus grosse banque, elle-même liée à une banque correspondante dans un grand centre financier. Le rapport Levin a montré que les grandes banques américaines connaissent ces pratiques mais qu'elles n'ont rien fait pour s'y opposer afin de ne pas remettre en cause un business lucratif. Les enquêtes parlementaires européennes ne sont pas aussi puissantes que leurs homologues américaines, mais il est fort à parier que la conclusion aurait été la même de ce côté-ci de l'Atlantique. Pour le magistrat Alice Pezard, l'argent sale « devient pour les banques qui se prêtent à ces opérations de blanchiment, une accoutumance, comme les stupéfiants pour l'individu ».

Un travail du journaliste Denis Robert [2002] a par ailleurs montré le rôle ambigu joué par la société luxembourgeoise Clearstream pour aider les grandes banques internationales à gérer leurs activités de transfert d'argent sale. Son enquête explique comment cette société privée a organisé une comptabilité parallèle (des comptes « non publiés ») qui enregistre des transferts financiers internationaux en partie douteux. Clearstream est une chambre de compensation internationale : elle permet aux grandes banques d'échanger des actions et des obligations sans avoir à se les envoyer par la poste, comme cela se pratiquait encore dans les années 1960. Pour cela, chaque client dispose d'un compte qui est crédité ou débité en fonction de ses achats et de ses ventes de titres. Gérant plus de 500 000 transactions par jour au cœur d'un marché de plus de 150 000 actifs financiers, Clearstream dispose donc dans les disques durs de ses ordinateurs d'une bonne partie de la mémoire de la mondialisation financière. Une partie des comptes non publiés sert à résoudre des problèmes techniques pour les échanges financiers entre des banques et leurs filiales. Mais les autres auraient permis de faire circuler de l'argent sale, environ 15 % des transactions totales réalisées par la société passant par cette comptabilité occulte, selon un témoin de l'enquête qui explique comment, grâce à des programmes informatiques sophistiqués, les transactions douteuses restent invisibles.

La société a finalement bénéficié d'un non-lieu dans l'enquête (luxembourgeoise) qui la visait pour blanchiment et escroquerie fiscale. Le parquet luxembourgeois a néanmoins laissé entendre que de telles activités ont pu avoir lieu avant que ces infractions soient reconnues comme telles au Luxembourg (le délit d'escroquerie fiscale n'y existe que depuis 1993, et jusqu'en 1998, seul le trafic de stupéfiants était punissable de blanchiment). Aucune enquête internationale, aucun juge,

Banques et paradis

Les paradis fiscaux sont utilisés par trois types d'établissements financiers. Tout d'abord, les coquilles vides, des banques enregistrées mais qui n'ont aucune existence physique officielle sur quelque territoire que ce soit. Elles sont très majoritairement impliquées dans toutes les activités financières délictueuses [BRI, 2003a]. Les plus douteuses s'installent dans les pays qui refusent toute coopération internationale avec les administrations, les polices et les justices du reste du monde. Les établissements impliqués dans les opérations les plus délictueuses prélèvent, selon les experts, de l'ordre de 40 % des montants illicites qu'elles font circuler [Dupuis-Danon, 2004].

Le comité de Bâle sur la supervision bancaire identifie également les structures bancaires parallèles, des filiales appartenant à de plus grandes banques qui, bien que présentant les mêmes propriétaires et les mêmes dirigeants, ne sont pas considérées comme appartenant au groupe bancaire en question. Elles sont utilisées à des fins de fraude fiscale, comme moyen d'échapper aux contraintes réglementaires limitant le poids des investisseurs étrangers, etc. [BRI, 2003b]. On trouve enfin les banques offshore qui disposent d'une licence d'exploitation en bonne et due forme dans des paradis financiers où leurs bureaux sont installés. Une estimation de fin 1998 recensait environ 4 000 de ces banques, réparties sur une soixantaine de territoires, dont presque la moitié se trouvait en Amérique latine et dans les Caraïbes. Elles géraient environ 5 000 milliards de dollars d'actifs. Des informations partielles pour 2004 issues des déclarations des paradis fiscaux indiquaient que 4 300 banques étaient enregistrées dans les seules Bahamas, 500 aux îles Caïman…

aucun parlementaire dégagé de la suspicion qui ne manque pas de peser sur l'impartialité de la justice luxembourgeoise, n'a pu se plonger dans les méandres des circuits financiers gérés par Clearstream. Il est pourtant certain que, sans les centres financiers offshore, la société ne pourrait pas travailler : au moment de l'enquête, elle gérait environ 5 000 comptes dans les paradis fiscaux…

Assureurs

Les paradis fiscaux ont également été le lieu de la prolifération des compagnies d'assurances « captive », des filiales créées par une multinationale pour assurer tout ou partie de ses activités. Les premiers assureurs de ce genre sont apparus en Europe dans les années 1920 et 1930 à l'instigation des majors pétrolières comme ICI ou BP. Ces multinationales ont réalisé qu'elles pesaient financièrement bien plus que leurs compagnies d'assurances habituelles et qu'elles étaient mieux au fait de leurs propres risques, deux raisons pour établir un niveau plus faible de prime d'assurance.

Les trois dernières décennies ont connu une croissance exceptionnelle du nombre de compagnies d'assurances captives dont le nombre est estimé à environ 5 000 dans le monde, touchant à peu près 20 milliards de dollars de primes et gérant au total plus de 50 milliards d'actifs (voir www.captive.com). Établir une compagnie d'assurances impliquant d'importantes contraintes réglementaires, les captives se sont développées au sein des paradis fiscaux, le premier centre mondial en ce domaine étant les Bermudes. Le territoire a commencé à se faire une place sur ce marché au milieu des années 1980 avec la montée du nombre de plaintes aux États-Unis contre des multinationales pour des raisons de santé au travail, notamment dans le cas de l'amiante. Nombre d'entreprises industrielles ont vu leurs primes d'assurance s'envoler, quand elles trouvaient à s'assurer. Le gros assureur américain Marsh & McLennan, puis une bonne part des premières multinationales américaines, ont alors commencé à développer des compagnies d'assurances captives aux Bermudes [Evans, 2002]. Depuis, les Bermudes sont considérées comme le principal centre mondial d'innovation en la matière et en profite pour devenir depuis le milieu des années 2000 l'une des places leaders de réassurance (les réassureurs, comme Munich Ré ou Swiss Ré, sont ceux qui assurent les assureurs). Guernesey, les îles Caïman et, plus récemment, les îles Vierges britanniques se sont engouffrées dans la brèche des captives. Les Bermudes et les Caïman attirent l'activité d'assurance des multinationales américaines tandis que les européennes choisissent plutôt Guernesey. Les îles Vierges britanniques ont investi le marché en se spécialisant dans les captives de plus petite taille. L'île de Man, le Luxembourg, Gibraltar et Dublin sont également actifs sur ce marché.

Les îles britanniques, notamment l'île de Man, ont également développé un autre segment du marché de l'assurance, celui du blanchiment d'argent de la drogue par le moyen de contrats d'assurance-vie. Nombre de compagnies d'assurances ont été mêlées à des circuits de blanchiment. Les autres paradis fiscaux proposent également l'établissement de compagnies d'assurances à la seule fin d'évasion fiscale : la loi américaine exempte d'impôts les compagnies d'assurances recueillant moins de 350 000 dollars de primes. Une petite compagnie d'assurances est ainsi créée, recevant peu de primes, même pas de quoi payer un seul salarié, mais mettant de côté un montant extrêmement élevé de réserves censées faire face à une crise, réserves placées dont les revenus ne sont pas taxés.

Fonds d'investissement

Ancien champion de l'enregistrement des fonds d'investissement (*hedge fund*), les Bermudes ont perdu leur suprématie en ce domaine au profit des îles Caïman. Selon l'Association des services financiers locale, 80 % des fonds d'investissement mondiaux sont enregistrés aux Caïman et la place attire de 45 % à 65 % des nouveaux fonds, gérant un montant supérieur à 1 000 milliards de dollars.

Lors d'une conférence réservée aux professionnels du secteur qui s'est tenue aux Bermudes en septembre 2005, les intervenants ont souligné la nature de l'avantage comparatif dont disposent les Caïman : les conseils juridiques donnent leur approbation sans trop y regarder et les lois sont faciles à changer, les avocats ayant une grande influence sur la législation locale et pouvant obtenir ce qu'ils souhaitent en moins d'une semaine. Comme l'a indiqué lors de la conférence le directeur d'un fonds d'investissement aux îles Vierges britannique, « les avocats ne veulent pas de résistance ». Des progrès pourraient être faits dans la durée d'enregistrement des nouveaux fonds, l'offre des Antilles néerlandaises rendant possible l'enregistrement en moins d'un jour (sur tous ces points, voir Zuill [2005]).

Les professionnels du droit et du chiffre

Les experts fiscaux et légaux internationaux jouent un rôle essentiel dans l'utilisation des paradis fiscaux. Leur rôle a été décrit par Sol Picciotto [1999]. Il consiste à s'appuyer sur le vague et les incertitudes des règles fiscales et financières afin de déterminer des stratégies efficaces de contournement réglementaire. Ces spécialistes existent depuis longtemps mais leur activité croît aujourd'hui à une vitesse très importante, avec des méthodes de marketing qui sont devenues très agressives. Deux raisons au moins expliquent la montée de leur importance : la croissance et la diversification des centres offshore ont permis de toucher un public plus nombreux et plus diversifié ; le développement des produits financiers sophistiqués, dont les manipulations sont complexes et réclament l'expérience de spécialistes, qui offrent des leviers de dissimulation très puissants, devenant ainsi des instruments privilégiés du blanchiment [Koutouzis et Thony, 2005 ; SCPC, 2005] et de l'évasion fiscale [Novack et Saunders, 1998 ; Levin, 2003].

Comme pour les banques, l'enjeu en vaut la chandelle : en fonction du produit financier et fiscal demandé et de son originalité, les spécialistes de la question prennent entre 8 % et 30 % de l'impôt non payé [Novack et Saunders, 1998 ; Levin, 2003]. Les conseillers juridiques rédigent généralement les lois qui permettent à ce genre d'activité de prospérer de même que les contrats commerciaux qui les mettent en œuvre. Ils peuvent également agir en tant que gérants et prête-noms des diverses sociétés créées ou bien trouver les personnes ou organisations qui peuvent le faire [SCPC, 2005, p. 168 ; Tax Justice Network, 2005, p. 41]. Pour les experts du Service central de prévention de la corruption, « le plus grand risque de blanchiment est présent lorsque les compétences techniques sont croisées : des pénalistes s'associent à des fiscalistes, ou encore à des notaires ou des gestionnaires de fortune, pour "traiter" une opération particulière. Le montage est alors particulièrement efficace, car toutes les failles et tous les risques potentiels sont évités » [SCPC, 2005, p. 169]. Un croisement de compétence qui est à la base des produits offerts par ces professionnels « ouvreurs de portes » vers les paradis fiscaux, selon l'expression de Godefroy et Lascoumes [2004].

Qui sont ces spécialistes ? Les banques d'investissement et des spécialistes fiscaux indépendants, mais surtout les fameux « Big Four », les quatre grands du conseil international : KPMG, Ernst & Young, PricewaterhouseCoopers et Deloitte Touche Tohmatsu. Ce dernier proposait à la fin des années 1990 à un client potentiel de lui supprimer tout impôt moyennant le reversement de 30 % de l'argent ainsi économisé. Le spécialiste s'engageait à défendre sa stratégie devant les services fiscaux américains, mais pas devant un tribunal, et à rendre une partie de sa commission en cas de redressement fiscal [Novack et Saunders, 1998]. De même, KPMG reconnaissait dans ses documents commerciaux que les produits proposés à ses clients britanniques pour éviter de payer la *sales tax*, équivalent de la TVA, pouvaient être considérés comme une technique d'« évasion fiscale inacceptable ». De fait, en 2005, la Cour de justice européenne a indiqué que le produit était condamnable. KPMG a cessé de le proposer à ses clients mais a continué à le mettre en avant auprès de ses clients potentiels [Tax Justice Network, 2005].

Les Big Four sont des acteurs puissants de l'économie mondiale. Leur pouvoir d'influence en fait souvent les maîtres des centres financiers offshore dans lesquels ils travaillent. John Christensen et Mark Hampton [1999] ont montré à partir du cas de Jersey comment l'État de ces petits pays peut être capturé « par ces intérêts privés qui font littéralement la loi ». On a vu plus haut le rôle joué par les avocats aux Bermudes en matière de législation sur les fonds d'investissement. Comme le résume Raymond Baker, « toutes les utilisations des paradis fiscaux et des juridictions à secret ne sont pas illégales. Mais c'est en partie parce que la loi peut y être achetée » [2005, p. 192].

Exerçant à la fois des activités de conseillers et de vérificateurs des comptes des entreprises, ils contrôlent le marché des 500 plus grosses entreprises multinationales dans ces deux domaines. Chacun opère dans environ 140 pays. Le développement de l'activité multinationale des firmes américaines et la place prépondérante jouée par les places de Londres et de New York ont permis une domination des cabinets de conseil anglo-saxons, également favorisée par la volonté des autorités de régulation anglo-saxonnes de laisser aux professionnels le soin de définir les pratiques d'affaires acceptables. Ces définitions restent vagues, ce qui leur permet de faire à peu près ce qu'elles veulent, en particulier dans le cas des conflits d'intérêts qui ne peuvent manquer de surgir quand le même consultant se trouve dans le rôle de conseiller d'une stratégie d'évasion fiscale et d'auditeur des comptes qui doit certifier que les pratiques utilisées sont correctes [Strange, 1996, p. 135-138]. Les Big Four contribuent ainsi de moins en moins à assurer la sécurité du capitalisme mondialisé en vérifiant que les pratiques du monde des affaires sont saines et privilégient de plus en plus la recherche de la formation de richesse en protégeant à tout prix les intérêts privés de leurs clients. En échange de commissions substantielles ils rendent juridiquement légitime la version des faits qui bénéficie le plus à ceux qui les payent [Strange, 1996, p. 143-144].

Les paradis fiscaux représentent l'outil de base du fonctionnement de ces grands cabinets. Comme le déclarait en septembre 2005 Loughlin Hickey, chef du département impôts de KPMG et nommé en décembre 2005 l'homme le plus influent du monde en matière de politique fiscale par le magazine professionnel *Tax Business* : « Je suis fier que KPMG soit présent dans ces territoires [...], franchement, si des entreprises comme les nôtres, dictées par des principes, ne sont pas dans ces territoires, c'est que l'on ne souhaite pas les aider. » Cette ode au développement des petits pays ne semblait pas partagée par le fisc américain avec lequel KPMG a trouvé un arrangement à l'amiable en août 2005, payant 456 millions de dollars d'amende après qu'une enquête du Sénat eut mis en évidence que le cabinet avait vendu des produits de fraude fiscale à plusieurs centaines de personnes, permettant d'éviter le paiement d'environ 1,4 milliard de dollars d'impôts à leurs clients pour un total de commissions atteignant 124 millions de dollars, soit un taux de commission moyen de près de 9 %. Pour Cono Namorato, haut fonctionnaire du fisc américain, « KPMG a choisi les profits au détriment du professionnalisme ». De fait, les revenus de KPMG ont progressé de 16,7 % en 2005 pour atteindre 15,69 milliards de dollars : « une année exceptionnelle », commentait son directeur Mike Rake.

Il faut dire que l'enquête menée sous les auspices du sénateur Carl Levin [2003] a révélé une étendue insoupçonnée des pratiques de fraude fiscale mêlant cabinets d'audit — régulièrement sanctionnés pour cela —, banques, juristes et paradis fiscaux. Un système remarquablement organisé en cinq étapes.

Première étape : l'*innovation*. À la base du système, le Tax Innovation Center. Créé en 1997, le travail de ce centre de recherche appliquée consiste à inventer de nouveaux produits financiers pouvant permettre d'échapper à l'impôt. Le principe est toujours le même : créer une source de pertes comptables afin de compenser des revenus imposables, qu'ils résultent de l'activité normale de l'entreprise (gros bénéfices) ou d'activités plus exceptionnelles (vente d'une société, etc.).

Deuxième étape : la *validation*. Une fois mis au point, ces produits passent entre les mains du service de contrôle interne de KPMG, qui porte un avis sur leur légalité. Ce service a plutôt bien fait son travail, puisqu'il a repéré l'illégalité des produits en dépit des rideaux de fumée dressés par les experts du Tax Innovation Center. C'est donc en toute connaissance de cause que la direction a décidé de les commercialiser quand même.

Troisième étape : la *commercialisation*. À n'importe quel prix, y compris celui du mensonge aux clients, auxquels on fait croire, par exemple, que seul un nombre limité de transactions sera entrepris pour limiter les risques et qu'il faut qu'ils se dépêchent d'en profiter, voire que ces transactions ne sont plus commercialisées et qu'ils bénéficient d'un traitement exceptionnel. Les commerciaux du conseil fiscal reçoivent l'aide de leurs collègues comptables. Ces derniers utilisent leurs bases de données sur les revenus des entreprises dont ils vérifient les comptes pour suggérer le meilleur produit à proposer au meilleur moment à leurs clients. 80 % des transactions de conseil fiscal sont ainsi conclues avec des clients audités. Mais ils ne se limitent pas à ces grandes entreprises. Petits patrons et nouveaux riches issus de la bulle Internet des années 1990 sont aussi sollicités. Alors que, jusqu'à récemment, quelques multinationales et individus fortunés venaient demander à leurs banquiers, conseillers fiscaux et autres gestionnaires de fortune de leur trouver des solutions discrètes et personnalisées, les grands cabinets d'audit sont passés à la production de masse de fraude fiscale, avec des politiques commerciales agressives fondées sur le télémarketing direct et une forte pression sur les commerciaux pour obtenir des résultats.

Les fiscalistes apportent une *opinion letter*, un document juridique fourni par un avocat d'affaires contre 50 000 à 75 000 dollars, stipulant que le produit proposé n'est pas complètement illégal ou, plutôt, qu'il entre dans la catégorie de ce qui n'a pas encore été interdit explicitement par le fisc. Il permet au contribuable pris la main dans le sac d'attester de sa bonne foi et de négocier une baisse du rappel fiscal dont il peut faire l'objet. L'avis juridique est écrit une seule fois, mais l'avocat touche sa commission sur chaque client.

Quatrième étape : la *mise en œuvre*. Lorsque le client est accroché, toute une organisation se met en branle qui fait apparaître une véritable chaîne de complicité. Les montages requièrent des sociétés écrans, de faux investissements, de faux prêts, etc., où les paradis fiscaux jouent leur rôle habituel de fournisseur d'opacité. Ces services sont fournis par des sociétés d'investissement et par de grands établissements bancaires internationaux. Au fil des affaires évoquées, on trouve ainsi la Deutsche Bank — dont l'enquête du sénateur Levin a montré qu'elle contribuait à ces mécanismes en toute connaissance de cause et qu'elle vendait elle-même ses propres produits de fraude fiscale —, l'UBS, la Barclays et bien d'autres établissements de la fine fleur bancaire internationale. Reste la cerise sur le gâteau : les techniques fiscales utilisées pour échapper à l'impôt doivent être contrôlées par les commissaires aux comptes qui vérifient que la comptabilité présentée reflète bien la réalité de la situation de l'entreprise. Un travail effectué... par le cabinet d'audit qui a conseillé la fraude.

Comme l'a déclaré à la presse en 2004 un comptable de l'un des grands cabinets britanniques, « peu importe la législation qui prévaut, les comptables et les conseillers juridiques trouveront toujours un moyen de la contourner. Les règles sont les règles, mais toute règle est faite pour être remise en cause » [Finch, 2004].

Les criminels

Meyer Lansky, trésorier de la pègre américaine symbolisé par le personnage de Hyman Roth joué par l'acteur Lee Strasberg dans *Le Parrain II*, représente la figure légendaire de l'utilisation des paradis fiscaux — en l'occurrence la Suisse et les Bahamas — par les groupes criminels dès les années 1930. Si Lansky fraudait assurément le fisc, ses biographes sont pour le moins partagés quant à la mise en œuvre précoce, qui lui est prêtée, d'un réseau financier international de blanchiment. Il est certain, à l'inverse, que les spécialistes du blanchiment d'argent sale, qu'ils exposent des mécanismes précis de blanchiment [de Maillard, 1998], des affaires particulières [Naylor, 1987] ou les réseaux de la finance criminelle en général [Naylor, 2002 ; Dupuis-Danon, 2004 ; Naím, 2005 entre autres], tous mettent en avant le rôle prépondérant qu'y jouent les paradis fiscaux.

Paradis fiscaux, financiers et juridiques, fabriques d'opacité, les centres financiers offshore ne pouvaient qu'entrer dans les stratégies des acteurs criminels. Ceux-ci y mobilisent les mêmes techniques de dissimulation et les mêmes professionnels de la finance, du droit et du chiffre que tous les autres utilisateurs. Les techniques de blanchiment de l'argent criminel décrites correspondent largement à celles déployées par la fraude fiscale et la délinquance d'affaires, le « crime en col blanc » étudié par le sociologue Edwin H. Sutherland dès les années 1940. L'importance des paradis fiscaux dans la mondialisation contemporaine dépasse, et de loin, l'utilisation que peuvent en faire des réseaux transnationaux du crime organisé sur lesquels, par ailleurs, on sait peu de chose [*L'Économie politique*, 2002].

En s'appuyant sur les informations historiques disponibles, on peut faire valoir quelques éléments d'analyse.

Les criminels ne se contentent pas d'être présents dans les paradis fiscaux exotiques. À la fin du XIXe siècle, période de mondialisation dominée par l'Angleterre, Londres, alors première place économique et financière mondiale et « le plus grand bordel du monde », était considérée comme le meilleur endroit pour le recel de titres volés [Pierrat, 2003]. On a vu dans le chapitre II combien, en dépit de la domination du dollar, Londres a su rester la première place financière mondiale. À la fin 2005, Callum McCarthy, patron de la Financial Services Authority (FSA), l'agence de régulation financière britannique, déclare publiquement qu'il dispose d'informations montrant que des groupes issus du crime organisé placent des hommes à eux dans les institutions financières présentes à Londres afin d'accroître leur connaissance des mécanismes de contrôle interne pour pouvoir les contourner.

Les criminels font passer le produit de leurs crimes dans les paradis fiscaux à la fois pour pouvoir l'investir discrètement dans la poursuite de leurs activités illégales et pour préparer leur retraite et l'avenir de leurs enfants. Après une période de flambe, nombre de bandits sont gagnés par le souci de s'intégrer dans les circuits licites et, en une génération, au plus deux, l'origine criminelle des fortunes constituées est oubliée au profit de revenus issus d'activités légales [Pierrat, 2003 ; Strange, 1998, p. 134 ; Naím, 2005, p. 65].

Enfin, si l'on sait peu de chose sur l'argent du crime, il semble que l'on n'en sache guère plus sur les circuits de financements du terrorisme. Les experts du sujet constatent qu'ils se nourrissent entre autres des revenus d'activités illégales dont l'organisation est identique à celles des mafieux. Parmi les circuits présumés de financement du réseau Al-Qaida, on trouve plusieurs banques dont certaines installées à Dubaï, ainsi qu'un trust genevois appartenant à un ensemble financier dont plusieurs banques installées notamment en Suisse, au Luxembourg ou à Jersey [Broyer, 2004].

Les grands pays

Les grands pays industrialisés sont également des utilisateurs réguliers des paradis fiscaux dont ils apprécient la confidentialité. Ils les ont d'abord utilisés pour servir leur politique de défense et de sécurité. Les services secrets y ont bien entendu leurs entrées et cela ne date pas d'aujourd'hui. Alain Vernay [1968, p. 207-208] souligne que « quand, au début des sanglants conflits de l'ex-Congo belge, la CIA prit en charge l'entretien de l'aviation congolaise et des mercenaires, elle créa, pour s'en occuper, une société au Liechtenstein, WIGMO (Western International Ground Maintenance Organization) » et que l'enlèvement de l'ex-Premier ministre congolais Moïse Tshombé en 1967 par un ancien agent des services secrets français s'est effectué par le détournement d'un avion enregistré dans le même pays par une « Société d'étude et de documentation économique et financière » qui paraissait bien loin de sa mission d'origine... Le même auteur rappelle que le Trésor américain n'a longtemps rien pu faire contre les pratiques douteuses du Panama dans la mesure où le pays était secrètement soutenu par le Pentagone qui y avait entreposé un stock d'armes atomiques destinées à servir éventuellement contre le régime castriste [p. 200-203]. Plus tard, l'enquête sur la BBCI a montré que si cette banque a pu poursuivre ses activités frauduleuses à partir d'une multitude de centres offshore pendant si longtemps, c'est peut-être parce qu'elle servait de couverture aux opérations financières antiterroriste et antidrogue de la CIA [Kapstein, 1994, p. 156].

Avec le développement de la mondialisation économique, les paradis financiers ont également été utilisés par les grands États à des fins commerciales. Ainsi, le juge Jean de Maillard souligne que « aucun pouvoir n'est regardant sur les procédés pour sauver un marché public à l'exportation, s'assurer les bonnes grâces d'un chef d'État corrompu ou obtenir la signature d'une vente d'armes » [1998, p. 131]. Mais il semble que ce soit dans le domaine financier que l'utilisation des centres offshore se développe le plus. La quasi-faillite du fonds spéculatif américain LTCM en septembre 1998 a révélé que la Banque centrale italienne, attirée par les rendements élevés proposés par le fonds, lui confiait une partie de ses réserves de change pour spéculer, l'argent circulant secrètement par l'intermédiaire de quelques paradis bancaires. De même, en pleine négociation avec ses créditeurs étrangers en 1998, avec le risque que ses avoirs à l'étranger soient saisis, la Banque centrale russe a caché 150 milliards de ses réserves dans une société basée à Jersey. Dès les années 1980, les réseaux d'accumulation de richesse liés au KGB transféraient des capitaux vers les centres offshore, notamment Chypre. On a vu également au chapitre II combien les banques centrales ont joué un rôle important dans les premières années du développement du marché de l'eurodollar et comment elles y placent encore aujourd'hui leurs réserves.

Services secrets, gouvernements et banques centrales sont donc directement concernés par l'existence des paradis fiscaux dans la liste des utilisateurs réguliers desquels ils apparaissent également. Est-ce l'une des raisons pour lesquelles nombre d'entre eux mettent si peu de volonté à circonscrire leur rôle ?

Les paradis fiscaux

Parmi la liste des acteurs concernés par le développement des activités offshore, il ne faut pas oublier... les paradis fiscaux eux-mêmes. Pourquoi décident-ils de suivre cette stratégie et leur est-elle bénéfique ?

En ce qui concerne la première question, il y a des effets d'offre et des effets de demande. Du côté de l'offre, les paradis fiscaux exotiques mettent en avant l'absence de stratégie alternative pour leur développement. Dans une économie moderne où disposer de gros acteurs économiques et/ou d'un large marché est essentiel, les petits territoires n'ont aucun avantage, si ce n'est le tourisme, à faire valoir. De nombreux territoires ont acquis leur indépendance dans les années 1960 et 1970 et se sont vite rendus compte qu'il leur était difficile de vivre sans l'aide de leurs anciennes puissances tutélaires — la Grande-Bretagne pour nombre d'entre eux —, elles-mêmes peu désireuses de subventionner leurs anciennes dépendances. D'où la nécessité de trouver d'autres sources de revenus. S'y ajoute le fait que certaines de ces petites économies sont dominées par des pouvoirs oligarchiques aux mains de riches familles commerçantes pour lesquelles le développement par la construction d'opacité économique et juridique ne pose aucun problème.

Du côté de la demande, on a expliqué en quoi multinationales productives et financières ont saisi à partir des années 1960 les opportunités proposées par les paradis fiscaux. Le développement des nouvelles technologies de l'information a ensuite été l'un des éléments permettant de favoriser l'organisation managériale en réseau sur laquelle s'appuie l'utilisation des paradis fiscaux.

Les pays qui ont le plus bénéficié de cette stratégie sont ceux qui ont su développer un véritable savoir-faire financier et qui ont combiné une insertion internationale de type paradis fiscaux avec d'autres activités. Certaines petites économies insulaires peuvent paraître riches, mais les inégalités y sont profondes. Le secteur offshore attire des professionnels expatriés qui ne restent que quelques années dans ces pays dans lesquels ils créent des zones privilégiées qui continuent à côtoyer une économie interne assez pauvre. Les locaux ne disposent pas d'un niveau de qualification suffisant pour occuper les emplois rémunérateurs, mais doivent subir des coûts immobiliers croissants tirés par les achats des expatriés. Selon le spécialiste Jason Sharman, les petites économies insulaires du Pacifique gèrent plusieurs dizaines de milliards d'euros d'actifs mais ne disposent à elles toutes que de 12 à 15 millions d'euros de revenu.

L'avenir n'est pas forcément rose pour ce genre de territoires. La concurrence entre paradis fiscaux s'accroît et diminue les espoirs de gains. Même si ces pays arrivent à contourner les politiques restrictives émanant de quelques institutions internationales et de l'Union européenne, comme nous allons le montrer dans le chapitre suivant, ils doivent subir le coût des régulations de papier qu'ils mettent en œuvre. Enfin, leur extrême dépendance à ce type d'activité les rend fragiles. La stratégie de paradis fiscal n'est aujourd'hui payante que pour les plus grosses places financières et les pays industrialisés qui les mettent en œuvre.

« On ne peut, en effet, ignorer la valeur ajoutée par les centres offshore en termes d'innovation et de flexibilité juridique »,

Michel PRADA, président de l'Autorité des marchés financiers en France, lors d'une conférence publique 2005.

IV / Les politiques de lutte contre les paradis fiscaux

On a montré jusqu'ici combien les paradis fiscaux s'inscrivent dans le cœur même des infrastructures de la mondialisation économique contemporaine. Les rayer juridiquement de la carte du monde ne prendrait pas plus d'une ligne : il « suffit » que quelques États aux marchés financiers importants (États-Unis, Royaume-Uni, Japon...) inscrivent dans leur loi que toute transaction en provenance ou à destination de ces territoires est illégale. Un certain volume d'affaires survivrait en marge, mais l'activité développée au grand jour par ces territoires en serait affectée. Les routes de l'investissement et de la finance également, c'est-à-dire toute l'activité économique mondiale, raison pour laquelle les États ne s'engageront jamais sur cette voie.

Néanmoins, les politiques publiques pourraient chercher à maîtriser puis diminuer le rôle des places offshore. Elles ont tenté de le faire par trois fois au cours du dernier siècle, mais sans grande conviction ni persévérance. Une nouvelle tentative est engagée au sein de l'Union européenne par le biais de trois politiques différentes. Elles posent des principes importants dans la lutte contre les paradis fiscaux mais leur efficacité doit encore être démontrée. La régulation de ces territoires ne pourra pourtant être laissée aux acteurs privés. L'autocontrôle qu'ils mettent en place reste plus que limité.

Les paradis fiscaux font l'objet de l'attention des mouvements sociaux internationaux et de l'altermondialisme. Ils n'ont pas réussi pour l'instant à changer quoi que ce soit dans ce domaine. Néanmoins, des évolutions récentes laissent supposer que leur mobilisation est susceptible de pouvoir porter quelques fruits, s'ils arrivent à s'entendre sur l'analyse et à engager des actions en commun.

Des politiques publiques sans conviction

Par trois fois, quelques grands États ont essayé de mener une politique publique internationale d'encadrement de l'activité des paradis fiscaux. Par trois fois, ces efforts n'ont rien donné, comme l'ont magistralement démontré Thierry Godefroy et Pierre Lascoumes [2004].

La SDN et la question fiscale

Une plongée dans les archives des Comités financiers et fiscaux de la Société des Nations (SDN) permet aux deux auteurs de dater le début de la constitution d'une politique publique internationale destinée à encadrer l'activité des paradis fiscaux en 1920. La Conférence financière internationale réunie à Bruxelles cette année-là demande à la SDN de traiter de la double imposition « des personnes ou des entreprises qui développent une activité économique dans un pays différent de celui de leur domicile ou établissement principal ». Un sujet qui intéresse au premier chef les diplomates alors doublement imposés dans leur pays d'origine et sur leur lieu de travail [Radaelli et Kraemer, 2005]. La Conférence économique internationale de Gênes d'avril 1922 élargit le mandat de la SDN à la question de l'« évasion des capitaux » en vue d'échapper à l'impôt.

Un jeu de rôle se met alors en place entre les grands pays que les tentatives ultérieures de politique publique ne feront que répéter. Les pays les plus régulateurs cherchent à imposer un minimum de normes de contrôle des capitaux, à organiser les bases d'une coopération administrative et judiciaire pour s'assurer de leur respect, et à prévoir des mesures de sanction pour les rendre crédibles. Et ils marquent quelques points. Sous la pression française la distinction entre évasion et fraude fiscale s'estompe. Les accords fiscaux bilatéraux sont jugés insuffisants et une harmonisation des politiques fiscales est réclamée.

En face, la Suisse mène le bal des opposants, suivie par les Pays-Bas et l'Allemagne et bientôt rejointe par le représentant de la Chambre de commerce internationale porteuse des intérêts des grandes corporations. Une telle politique internationale ne peut qu'aboutir à la remise en cause du secret bancaire qui fait déjà les grandes heures des banquiers helvètes. Le délégué suisse met donc en avant la nécessité de ne pas troubler les relations entre les banquiers et leurs clients, pour conclure que, face à la fraude fiscale, « il est nécessaire d'entreprendre cette lutte, mais en progressant avec une prudente lenteur ». Il sera écouté. Au moment où éclate la Seconde Guerre mondiale, les réunions se sont succédé à la SDN mais rien n'est réglé.

Le président Roosevelt, engagé dans une croisade budgétaire et morale, a lancé en 1937 son ministre des Finances Henry Morgenthau sur le sujet, ce qui donnera lieu à la publication d'un rapport d'une étonnante actualité [Morgenthau, 2003]. On y voit qu'une enquête sérieuse sur ses propres données permet à une administration des impôts de découvrir assez facilement qui fraude, comment, grâce à qui, le tout avec un important degré de précision. Si le pouvoir politique veut se donner les moyens nécessaires, il peut savoir qui le trompe. Les nombreux exemples évoqués dans le rapport soulignent également combien les montants en question sont considérables. On est surpris aussi de voir le rôle clé joué dès cette époque par les experts juridiques et fiscaux. « L'une des constatations les plus décourageantes faite lors de notre enquête est que des juristes de haut vol conseillent leurs clients dans l'utilisation des moyens les plus retors de frauder le fisc, et qu'ils en font eux-mêmes un usage intensif », souligne Morgenthau. Mais l'administration Roosevelt a d'autres chats à fouetter. Elle est en train de construire les bases de l'État-Providence américain en créant un système d'indemnisation des chômeurs et un système public de retraites dont le financement est assis sur une taxe sur les salaires, peu susceptible de fraude. Puis arrive la guerre. Une conférence internationale à Mexico revient sur le sujet en 1943, une autre à Londres en 1946 où est créé un Comité de fiscalité internationale. Mais il faudra attendre les années 1960 pour que le sujet redevienne, un peu, d'actualité.

1945-1998 : les années molles

Le Comité des affaires fiscales de l'OCDE reprend le flambeau à partir de 1960. Il aboutira, en 1977, à une simple recommandation d'encourager les échanges d'informations entre administrations fiscales. Diverses institutions internationales — l'ONU à partir de 1967, le Conseil de l'Europe à partir de 1987... — se saisissent du sujet mais sans déboucher sur rien de probant.

Le seul événement d'importance de cette période vient des États-Unis. À la fin des années 1970, les autorités financières américaines s'inquiètent de la capacité des banques à contourner la politique monétaire par le biais des ressources acquises sur les euromarchés. La Banque centrale des États-Unis choisit de renforcer les contraintes réglementaires pesant sur les banques travaillant dans la finance offshore. Elle tente de faire partager son point de vue par les autres banques centrales au sein de la BRI en 1979, mais sans succès face à l'opposition résolue des banquiers centraux britanniques et suisses. En interne, le lobbying au Sénat des grandes banques internationales porte ses fruits, le *Eurocurrency Market Control Act* étant rejeté (sur tous ces points, voir Helleiner [1994, p. 135-139]).

Entre-temps, le gouvernement Carter a lancé un haut fonctionnaire du fisc, Richard Gordon, sur la piste de la fraude fiscale des multinationales américaines. Son rapport, publié en 1981, représente le premier examen sérieux du rôle international pris par les paradis fiscaux. Il décrit de nombreux mécanismes de fraude fiscale, critique le comportement « antipatriotique » des firmes qui font du shopping fiscal, appelle à lever le secret bancaire et évoque des menaces de sanction.

Un superbe rapport, qui ne sera pas suivi d'effet. Le gouvernement américain a beau être le plus puissant de la planète, il perd le combat face aux intérêts bancaires menés par la Chase Manhattan. La même année, les États-Unis abandonnent leur volonté régulatrice et décident, tout à l'inverse, de jouer le jeu de l'offshore en créant des *International Banking Facilities* (IBF), des zones bancaires offshore, défiscalisées et sous-réglementées, sur le sol américain afin d'attirer le business offshore sur son territoire. La Banque d'Angleterre exprimera sa colère face à cette concurrence, mais la Banque du Japon sera la plus prompte à réagir, copiant l'IBF de New York. C'est un pas supplémentaire vers la grande vague de libéralisation des mouvements de capitaux internationaux qui redémarre à partir de ce moment-là.

1998-2000 : la politique des listes noires

Il faudra attendre 1998 pour que s'ouvre une nouvelle phase, la plus intense, dans les tentatives d'encadrement de l'activité des paradis fiscaux. Le Comité des affaires fiscales de l'OCDE ouvre le bal en avril de cette année-là par la publication d'un rapport sur la « concurrence fiscale dommageable ». Il s'attaque à l'un des piliers des centres offshore en condamnant les pratiques fiscales déloyales destinées à attirer les capitaux étrangers.

Pour assainir ces pratiques, il faut les mettre en évidence. Ce qui suppose d'en établir une liste, ainsi que celle des territoires y ayant recours, et de chercher à obtenir d'eux un changement. Une révolution par rapport à ce qui s'est fait jusqu'à présent en termes de politique publique, largement soutenue alors par les États-Unis et la France. Quarante-sept paradis fiscaux sont ainsi identifiés à la fin 1999, mais la liste rendue publique par l'OCDE en juin 2000 n'en comporte plus que trente-cinq : six territoires ont finalement été écartés d'office (liste inconnue) et six autres se sont engagés à prendre des mesures immédiates pour ne pas y apparaître (Bermudes, îles Caïman, Chypre, Malte, Maurice, San Marin).

Cette liste stigmatisant un ensemble précis de territoires est alors la deuxième à venir sur la place publique. Le mois précédent, le Forum de stabilité financière (FSF), créé en 1999 pour contribuer à la construction d'une nouvelle architecture financière internationale après la succession des crises des années 1990, a montré du doigt les territoires dont les pratiques de sous-réglementation lui semblent à même de favoriser une montée des risques financiers internationaux. Quarante-deux pays sont mis en avant, répartis en trois groupes selon le niveau de risque estimé.

Une troisième liste, publiée également en juin, vient compléter l'assaut contre les paradis fiscaux. Elle émane du Groupe d'action financière internationale (GAFI), créé en 1989 comme bras financier de la lutte internationale contre le trafic de stupéfiants. Être désigné par le GAFI revient à se voir adosser l'étiquette de havre de paix pour les criminels (et à partir de 2001 pour les terroristes). S'appuyant sur ses dix années d'étude des pays, l'institution identifie vingt-neuf territoires douteux à la fin 1999, dont sera issue la liste des quinze « pays et territoires non coopératifs » publiée en juin 2000.

En mettant sur le devant de la scène un ensemble de pays, chacune à partir de son propre domaine d'investigation, les trois institutions démontrent le rôle important et complexe qu'ont pris les paradis fiscaux dans la mondialisation financière. C'est le point positif de cette période de *name and shame* (« nommer pour faire honte ») qui a fait monter une forte pression politique contre la finance offshore.

Malheureusement, celle-ci sera de courte durée. En un an, la politique des listes noires va perdre toute sa substance. L'arrivée au pouvoir de George W. Bush aux États-Unis change la donne politique à l'OCDE. Le nouveau ministre des Finances, Paul O'Neil, déclare le 10 mai 2001 que « les États-Unis ne soutiennent pas les efforts visant à dicter à quelque pays que ce soit ce que devraient être ses taux d'imposition ou son système fiscal et ne participeront à aucune initiative visant à harmoniser les systèmes fiscaux ». Les attentats terroristes du 11 septembre 2001 n'y changeront rien : le *Patriot Act* voté peu de temps après comporte bien des mesures contre les pratiques des banques offshore, mais uniquement celles considérées comme ayant un lien avec des activités terroristes. Pour le reste, on ne touche pas au système.

Les autorités de la Barbade se saisissent de l'opportunité pour mener la contre-offensive en créant l'International Tax Investment Organisation, groupe de pression au service des paradis fiscaux, qui obtient rapidement deux choses : la non-remise en cause des sociétés *ad hoc* et de l'ensemble des outils d'opacité proposés à leurs clients (décrits au chapitre III) ; l'assurance qu'ils ne seront pas sanctionnés tant que les grandes places financières mondiales qui suivent les mêmes pratiques ne le seront pas aussi, c'est-à-dire jamais. En avril 2002, l'OCDE publie une mise à jour de sa liste noire. Il ne reste plus que sept pays : Andorre, Liechtenstein, Liberia, Monaco, îles Marshall, Nauru et Vanuatu. Nauru et Vanuatu ont été exclus depuis lors grâce à la bonne qualité supposée de leur politique, ce qui fait que, pour l'OCDE, il ne reste plus aujourd'hui que cinq paradis fiscaux dans le monde.

Les travaux du FSF sont récupérés dès 2000 par le Fonds monétaire international (FMI). Ce dernier intègre l'évaluation

Tableau 5. **Les territoires montrés du doigt en 2000**

Territoires	**FSF**	**OCDE**	**GAFI**
Andorre	II	X	
Anguilla	III	X	
Antigua et Barbuda	III	X	
Antilles néerlandaises	III	X	
Aruba	III	X	
Bahamas	III	X	X
Bahreïn	II	X	
Barbade	II	X	
Bélize	III	X	
Bermudes	II		
Îles Caïman	III		X
Îles Cook	III	X	X
Costa Rica	III		
Chypre	III		
Dominique		X	X
Dublin	I		
Gibraltar	II	X	
Grenade		X	
Guernesey	I	X	
Jersey	I	X	
Hong Kong	I		
Îles Vierges britanniques	III	X	
Îles Vierges des États-Unis		X	
Israël			X
Labuan	II		
Liban	III		X
Liberia		X	
Liechtenstein	III	X	X
Luxembourg	I		
Macao	II		
Malte	II		
Îles de Man	I	X	
Îles Marshall	III	X	X
Maurice	III		
Monaco	II	X	
Montserrat		X	
Nauru	III	X	X
Niue	III	X	X
Panama	III	X	X

Territoires	FSF	OCDE	GAFI
Philippines			X
République des Maldives		X	
Russie			X
Samoa	III	X	
Seychelles	III	X	
Singapour	I		
Saint-Kitts et Nevis	III	X	X
Saint-Vincent et les Grenadines	III	X	X
Sainte-Lucie	III	X	
Suisse	I		
Tonga		X	
Turks et Caicos	III	X	
Vanuatu	III	X	

Note : Le FSF a classé les pays en trois groupes : ceux avec un système de réglementation de relativement meilleure qualité (I), ceux dont les performances sont inférieures aux standards mondiaux (II) et ceux qui posent problème (III).

Source : FSF, OCDE, GAFI.

des paradis fiscaux dans ses procédures de consultation générale et crée également un processus d'évaluation spécifique fondé sur le volontariat. En 2005, quarante et un territoires avaient été passés en revue par le Fonds monétaire. Il y est indiqué que des réformes significatives ont été entreprises, même s'il reste quelques points noirs. Lesquels ? Une absence de coopération internationale et d'échange d'informations et une politique réglementaire inadaptée ! Sinon, tout va tellement pour le mieux que le FSF, commentant ces résultats en mars 2005, déclare que « la liste de 2000 a atteint son but et n'a plus de raison d'être ».

Mais c'est du GAFI qu'est venue la meilleure nouvelle. Grâce à l'efficacité de son action, depuis octobre 2005, il n'y a plus que deux territoires au monde où l'argent sale circule facilement : Myanmar (ex-Birmanie) et le Nigeria.

Si l'on en croit les institutions internationales, il ne reste donc plus au total qu'une demi-douzaine de centres financiers offshore qu'il vaille la peine de surveiller. Comment a-t-on pu arriver, à partir de la mobilisation politique de 2000, à une conclusion qui défie le bon sens de tout observateur, même très partiel, du sujet ?

Les raisons d'un échec

Après la poussée politique et médiatique liée à la publication quasi simultanée des listes noires, l'effet stigmatisant de celles-ci a été rapidement émoussé par l'affaiblissement de leur crédibilité. Un affaiblissement provoqué par leur amincissement rapide, signe de l'absence de volonté politique des États d'en faire trop en la matière en se donnant des moyens de contraindre les fautifs, et par le brouillage du message suscité par l'absence de traitement global du sujet [de Maillard, 2001 ; Godefroy et Lascoumes, 2004, p. 210].

Côté OCDE, comme le soulignent Godefroy et Lascoumes, l'objectif n'était finalement que d'obtenir un abaissement général des taux d'imposition, en normalisant les pratiques les plus déviantes, afin de pousser les grands États à répondre à une concurrence assainie des paradis fiscaux par une baisse de leur niveau de pression fiscale [2004, p. 142]. Côté Forum de stabilité, il s'agissait de contribuer à répondre aux demandes d'une « nouvelle architecture financière internationale » après la succession de crises financières des années 1990, pas de lutter avec bec et ongles contre la place prise dans la finance par les paradis fiscaux. Du côté du GAFI, le travail de l'institution a eu quelques effets positifs : l'incrimination de blanchiment s'est généralisée et les législations nationales se sont rapprochées en la matière. Néanmoins, ces nouvelles législations donnent bien souvent l'impression de normes de papier, sans grande contrainte concrète pour les pratiques concernées.

Depuis, le Fonds monétaire international est devenu, avec la Banque mondiale, l'institution clé héritière de cette période. En effet, en plus des activités du FSF, FMI et Banque mondiale sont censés jouer, depuis le 11 septembre 2001, un rôle central dans la traque aux systèmes financiers aux pratiques douteuses. Les deux institutions ont intégré dans les évaluations des secteurs financiers de leurs membres une appréciation de l'état de la lutte antiblanchiment et contre le financement du terrorisme, sur la base des recommandations du GAFI (quarante contre l'argent du crime auxquelles s'en sont ajoutées huit contre l'argent du terrorisme à partir de 2001). L'activité d'évaluation des pays glisse ainsi progressivement vers les institutions de Bretton Woods. Celles-ci disposent de moyens humains et financiers autrement plus importants : elles ont rapidement mis une cinquantaine de personnes sur le sujet, cinq fois plus que le GAFI. Elles lui ont de plus demandé de suspendre la mise à jour de sa liste de pays et territoires non coopératifs au profit de leurs propres avis jugés plus consensuels. Or c'est au cours des exercices d'évaluation des pays que le GAFI entretient ses connaissances et son expertise. Ses fonctionnaires ont donc été soulagés lorsque, contre la pression de certains dirigeants des institutions de Bretton Woods, le renouvellement de leur mandat en 2004 a confirmé leur rôle d'évaluateurs et maintenu le principe d'évaluations complètes, incluant les aspects de justice criminelle et d'études des services opérationnels, des terrains sur lesquels FMI et Banque mondiale ne sont pas à l'aise.

L'implication du Fonds monétaire est révélatrice de l'ambiguïté fondamentale dans laquelle évolue désormais la lutte contre les paradis fiscaux. Le FMI s'est impliqué dans le dossier de leur surveillance pour s'assurer la rente des budgets que les États ont décidé de consacrer au sujet, hier les mafias, aujourd'hui le terrorisme, et pour s'imposer comme un acteur essentiel de la surveillance du système financier international. Mais, compte tenu de l'idéologie qui prévaut toujours dans l'institution, il semble que ce soit également pour vérifier que les évolutions des législations nationales n'aillent pas remettre en cause la déréglementation des marchés financiers.

Le bilan politique de l'épisode des listes noires tend finalement à un résultat paradoxal : ce fut, *a posteriori*, le moment le plus fort de légitimation des paradis fiscaux. En ne laissant sur leurs listes que quelques territoires, sans un mot sur Monaco, le Luxembourg, Londres ou New York dont les dérapages délictueux font souvent la une de l'actualité financière, les trois institutions ont stigmatisé quelques territoires devenus les boucs émissaires du système financier international. La dénonciation de quelques pratiques anormales évitait de s'attaquer au cœur de son fonctionnement. Rétrospectivement, les listes apparaissent comme ayant servi d'entreprise de préservation des zones d'ombre de la finance internationale.

Mieux (ou pire !) : pour la première fois, elles ont également permis de consacrer l'ensemble des paradis fiscaux comme des partenaires politiquement légitimes et respectables de la scène mondiale. Avant que cette campagne politique ne démarre, les paradis fiscaux étaient considérés comme des anomalies de la finance internationale, des petites îles politiquement marginales. Les négociations autour du contenu des listes ont eu pour résultat que les dirigeants de pays comme les îles Caïman ou les Bermudes se sont vus invités, pour la première fois de leur histoire, à participer comme partenaires à part entière à des discussions dans les enceintes de plusieurs institutions internationales sur des thèmes comme le terrorisme mondial, la stabilité financière, le régime fiscal mondial, etc.

D'une attaque contre des pratiques condamnées, la politique publique internationale a glissé vers la recherche de nouvelles normes partagées destinées à s'assurer du « rôle positif » que pourraient jouer les paradis fiscaux dans l'économie mondiale. Le marchandage a consisté à reconnaître leur droit légitime à l'existence au prix de l'introduction d'un certain niveau de régulations de leurs pratiques.

Les paradis fiscaux ont su réagir à ces propositions pour circonscrire les menaces qui pesaient sur eux. Ils ont mobilisé pour cela plusieurs stratégies. La première fut de se rendre compte que leurs territoires n'étaient pas seulement en concurrence, mais pouvaient aussi avoir des intérêts à défendre en commun dans les institutions internationales. Devant la multiplication des lieux de négociation, la deuxième fut de recourir à l'expertise des professionnels des grands cabinets d'audit et de conseils juridiques pour les aider à planifier et à coordonner leurs réponses. Ils reçurent également l'appui de *think tanks* conservateurs américains, au premier rang desquels le Center for Freedom and Prosperity, à l'origine de la « Coalition pour la concurrence fiscale », un rassemblement d'experts au service d'un puissant lobbying dans les allées du Congrès américain. Le centre a contribué à rapprocher les territoires offshore pour organiser la défense, qualifiant l'OCDE de « cartel fiscal mondial au bénéfice d'une petite poignée de nations surtaxées ».

Leur objectif d'obtenir le niveau le plus élevé possible de reconnaissance en échange du niveau le moins élevé possible de régulation a été couronné de succès. Le cas des Antilles néerlandaises est à cet égard exemplaire [Cavalier, 2005]. Son Parlement a voté un « nouveau cadre fiscal » et amendé le traité fiscal qui le lie avec les Pays-Bas, effaçant, notamment, les différences d'imposition entre entreprises locales et entreprises étrangères pour imposer un nouveau taux d'imposition des profits de 34,5 %, entré en vigueur dès 2002. Pourtant, les législateurs ont également introduit une « clause d'exception » ou « régime transitoire » qui permet de conserver l'ancien taux d'imposition de 2,4 %-3 % pour les entreprises étrangères jusqu'en 2019. Pour la suite, un nouveau type d'entreprises a été créé qui permettra à celles qui s'enregistreront sous ce nouveau régime... de choisir une imposition à 0 %. « Des discussions informelles avec des hauts fonctionnaires de l'OCDE ont montré que l'institution est satisfaite des changements intervenus dans les Antilles néerlandaises » [Cavalier, 2005, p. 16].

Les petits pas européens

Les traités européens offrant peu de chose en matière d'obligation de coordination fiscale, la Commission européenne a régulièrement tenté de faire avancer le sujet [Radaelli et Kraemer, 2005]. Dès 1960, elle créait un Comité fiscal et financier dont le rapport de 1962 appelait, déjà, à l'harmonisation fiscale, sans qu'aucun progrès ne soit réalisé, le sujet étant toujours débattu aujourd'hui. La route de la Commission européenne est ainsi jonchée depuis plus de quarante-cinq ans de cadavres de rapports sur les questions fiscales et de propositions d'harmonisation sans suite — avec deux temps forts, sans succès, en 1975 et en 1985. « Aucun pays ne se préoccupe jamais des lois sur le revenu des autres pays », disait déjà Lord Mansfield en 1775 en Angleterre, ce qui signifie qu'il n'est pas du ressort d'une nation de veiller à l'application des lois fiscales d'une autre [Baker, 2005, p. 194]. Un principe bien ancré au sein de l'Union européenne.

Seules les décisions de la Cour de justice européenne (CJE) ont forcé les États de l'Union à modifier leurs législations fiscales dans le sens d'une plus grande harmonisation. Un jugement de 1985 a fixé sa ligne de conduite en la matière : la définition de la fiscalité directe reste de la responsabilité de chaque État, mais celle-ci doit s'exercer dans le respect des traités communautaires. Dans les vingt années qui ont suivi, la CJE a ainsi rendu plus d'une cinquantaine d'arrêts allant dans ce sens. Un exemple en a été donné en décembre 2005, suite à une plainte de l'entreprise Marks & Spencer (affaire C-446/03). La Cour a donné raison à l'entreprise qui réclamait le droit de déduire de sa feuille d'impôt anglaise les pertes subies par ses filiales dans d'autres pays européens. La pratique étant autorisée pour les filiales anglaises, la Cour a jugé que la refuser aux filiales à l'étranger pouvait décourager l'installation à l'étranger et était donc attentatoire au principe de libre établissement dans l'Union européenne. La Cour a néanmoins précisé que les filiales devaient épuiser toutes les possibilités de prise en compte fiscale des pertes dans leur pays d'accueil avant de les faire remonter dans le pays de la maison mère. Les administrations britannique et allemande ont indiqué que cette précision limitait sérieusement les réclamations que leurs entreprises pourraient faire valoir à ce titre. Dans un arrêt important d'avril 2005 (affaire Halifax, C-255/02), elle a également statué qu'établir une transaction uniquement dans l'objectif d'en retirer un avantage fiscal était interdit par la loi européenne.

Au cours des dernières années, la Commission européenne a tenté d'avancer dans trois directions différentes. La première est, depuis 2001, celle de l'harmonisation des assiettes fiscales de l'impôt sur les sociétés. Les multinationales établies dans plusieurs pays européens établissent leurs comptes et payent leurs impôts dans chaque pays d'implantation. Elles ont alors tendance à faire apparaître leurs profits dans les pays les moins taxés. Une base fiscale consolidée, établie au niveau européen, rendrait ce genre de comportement impossible. Les profits du groupe seraient taxés en une seule fois et le produit de la taxe redistribué entre les différents pays d'implantation selon des critères à déterminer (quantité de capital investi, chiffre d'affaires...), comme c'est le cas aux États-Unis ou au Canada [Weiner, 2005]. Le projet est loin de faire consensus, certains libéraux, comme le commissaire irlandais au Marché intérieur Charlie Mc Creevy, y voyant un premier pas vers l'harmonisation, à la hausse, de l'imposition des entreprises.

La deuxième voie est celle de la taxation de l'épargne des non-résidents [Godefroy et Lascoumes, 2004]. Un premier projet a vu le jour en 1989 qui proposait une retenue à la source de 15 % pour tous les revenus de l'épargne, y compris pour les placements des non-résidents de l'Union européenne. Il a été abandonné sous la pression du Luxembourg. Un deuxième projet a été présenté en 1998 proposant une retenue à la source de 20 % ou bien la fourniture, par les pays qui reçoivent les capitaux, d'informations aux autres États sur les placements de leurs résidents. Abandonné aussi, il servira de base à un projet de directive européenne, relancé au sommet de Feira, au moment de la grande mobilisation internationale contre les paradis fiscaux, en juin 2000. La directive, présentée en juillet 2001, ne sera promulguée qu'en juin 2003 et mise en œuvre finalement le 1er juillet 2005. Elle oblige les pays de l'Union à un échange d'informations sur les placements des non-résidents. L'Autriche, la Belgique et le Luxembourg ont obtenu le droit de conserver leurs pratiques de secret financier mais doivent en échange appliquer une retenue à la source sur les intérêts des placements de 15 % entre 2005 et 2007, de 20 % de 2008 à 2010 et de 35 % après. La mise en œuvre restait conditionnée à l'application de mesures équivalentes par les principaux pays concurrents non membres de l'Union (Andorre, Liechtenstein, Monaco, San Marin, Suisse) et par tous les territoires dépendants et associés aux pays de l'Union (îles anglo-normandes, île de Man, îles des Caraïbes). Après quelques négociations difficiles, ce fut chose faite.

Les plus optimistes voient dans cette directive une victoire importante : de fait, une taxe de 35 % des revenus d'épargne à l'étranger a été créée alors qu'il n'y avait rien avant. Les plus pessimistes y voient une décision qui légitime officiellement les pratiques d'évasion fiscale au sein de l'Europe tout en croyant pouvoir en faire payer en partie le coût par un impôt à des spécialistes du recours à l'évasion fiscale ! Selon les premières informations disponibles en octobre 2005 pour l'île de Man, Jersey et les îles Caïman, les conditions d'application de la directive européenne sont telles qu'elle n'aura qu'un très faible impact sur les pratiques incriminées, un professionnel du secteur la qualifiant de « pétard mouillé ». Néanmoins, aucun de ces territoires n'a intérêt à avouer que la mesure a pu avoir des effets sur leur volume d'affaires et il faudra attendre plusieurs mois avant d'en juger.

Le troisième champ d'intervention a démarré en décembre 1997 lors de premières discussions pour répondre à la politique de lutte contre les pratiques fiscales dommageables lancée par l'OCDE. En mars 1998, un Conseil européen des ministres des Finances a lancé un groupe de travail, confié à la haut fonctionnaire britannique Dawn Primarolo, ayant pour mission d'établir un code de conduite européen sur la fiscalité des entreprises. Dans un rapport remis en novembre 1999, le groupe a identifié 66 mesures fiscales jugées inadéquates (40 au sein des États membres de l'Union, 3 à Gibraltar et 23 dans les territoires dépendants et associés à des pays de l'Union). Il fut décidé en 2000 que toutes ces mesures devaient disparaître au plus tard le 31 décembre 2005 (on attend toujours début 2006 le bilan de la situation).

Un code de conduite en est ressorti en juin 2003. Il ne représente pas un instrument juridique contraignant mais un mode de régulation informelle qui dispose tout de même d'une certaine force politique. En effet, en adoptant ce code, les États membres de l'Union européenne se sont engagés à éliminer plusieurs pratiques existantes de concurrence fiscale et à ne pas en introduire de nouvelles à l'avenir. De manière intéressante, le code propose des critères explicites pour identifier les pratiques fiscales inadéquates au sein de l'espace européen. Parmi ceux-ci, on trouve : un niveau de taxation effectif significativement inférieur à celui généralement pratiqué dans le pays ; des avantages fiscaux uniquement réservés aux non-résidents ou à des activités économiques et financières isolées de l'économie domestique ou en l'absence même de toute activité réelle ; des pratiques d'imposition des profits qui s'écartent des normes internationales en la matière ; un manque de transparence.

Le code de conduite introduit également une innovation importante qui permet de contourner l'objection traditionnellement mise en avant par les territoires offshore selon laquelle nul autre État ou groupe d'États ne saurait leur imposer des politiques en violation de leur souveraineté, en particulier fiscale. À ce titre, le code ne cherche pas à imposer un principe de « juste taxation ». À l'inverse, dans la ligne des travaux de l'OCDE, il accepte le principe de la concurrence fiscale entre États, chacun d'eux ayant la liberté de choix en la matière, mais, précision importante, uniquement dans la mesure où les règles sont les mêmes pour tous ceux qui sont présents sur le territoire. Une contrainte forte pour ces pays dont l'un des principes d'insertion dans l'économie mondiale est justement de différencier les règles fiscales entre leurs résidents et les non-résidents. Ainsi, en réponse à cette règle, l'Irlande a introduit en janvier 2003 une taxe sur les profits des entreprises de 12,5 % et les îles de la Manche ont répondu de leur côté en prévoyant de passer d'ici 2008 à zéro impôt pour toutes les entreprises (10 % pour celles du secteur financier), tout en complétant le dispositif par des mesures « volontaires » de taxation pour les entreprises résidentes afin de combler le manque à gagner de recettes fiscales domestiques. On peut penser que cet artifice ne tiendra pas face à la Cour européenne de justice qui pourrait juger cette politique comme fiscalement dommageable. De fait, fin mars 2006, un rapport de PricewaterhouseCoopers jugeait qu'il « est douteux que de telles dispositions respecteront le code de conduite ».

Il est encore trop tôt pour prédire les conséquences de cette stratégie, mais le sentiment des professionnels du secteur est que les paradis fiscaux européens pourraient en souffrir dans la prochaine décennie. Le centre de gravité de la finance offshore mondiale pourrait alors basculer vers l'Asie et les Caraïbes.

L'autorégulation privée

À côté des politiques publiques, et souvent pour faire face à leur pression, les acteurs privés tentent de mettre en avant leur capacité à définir eux-mêmes des règles de bonne conduite. Aucun code de cette sorte n'a pourtant été créé pour réguler les pratiques des firmes et des acteurs financiers vis-à-vis des paradis fiscaux.

Seule la lutte contre le blanchiment de l'argent mafieux a fait l'objet d'une mobilisation de la part des banques. Dix grandes banques internationales réunies dans le centre de formation de Wolfsberg de l'United Bank of Switzerland annoncent le 30 octobre 2000 qu'elles s'imposent un ensemble de règles, non contraignantes, définissant les principes devant guider leurs relations avec leurs clients fortunés (individus ou entreprises). La plupart d'entre elles ont eu maille à partir avec la justice dans des cas retentissants de détournement d'argent par des chefs d'État corrompus. Une réaction était nécessaire.

Ces « principes de Wolfsberg » fixent leurs engagements en matière de lutte contre le blanchiment d'argent sale (corruption, trafic, évasion fiscale). Sur le papier, en obligeant les banques à mieux connaître leurs clients, surtout ceux qui leur apportent beaucoup d'argent, ils représentent une avancée méritoire. En particulier, les banquiers doivent chercher qui sont les bénéficiaires des comptes ouverts, qui sont les propriétaires des entreprises concernées, etc. Jusqu'où cette enquête doit-elle aller ? Les banques doivent pouvoir répondre à plusieurs questions, dont les deux plus importantes sont de déterminer la source des fonds qui leur sont apportés ainsi que, plus généralement, la source de la richesse du client potentiel. La question s'est déplacée, mais reste identique : jusqu'où cette enquête doit-elle aller ?

Le plus grand flou règne pour déterminer la réponse. On imagine mal une banque lançant de grandes investigations sur la nature de la richesse de ses clients actuels ou potentiels. D'une part, parce qu'elles n'ont pas les moyens d'une telle collecte d'informations. D'autre part, parce que le temps que la recherche soit menée à bien, le client aura déjà transféré ses avoirs vers une autre banque. L'idée de se regrouper à plusieurs banques venait justement de la volonté d'éviter ce genre de guerre commerciale. Mais il faut souligner que, même en imaginant que les dix banques concernées respectent leurs engagements, les principes de Wolfsberg comptent de nombreux absents de marque du monde bancaire international.

Les patrons des grandes banques se sont dotés avec ces principes d'un fusible en cas de nouveaux problèmes liés à des activités frauduleuses, qu'elles semblaient bien vouloir poursuivre de toute façon. En effet, la responsabilité de « bien connaître son client » revient aux spécialistes de la gestion des clients fortunés. Si une affaire arrive sur la place publique, le spécialiste, incriminé, deviendra le bouc émissaire idéal.

La pression de la société civile

La lutte contre les paradis fiscaux appartient à la liste des combats fondateurs qui ont accompagné la reconnaissance des associations du mouvement altermondialiste. Les locaux de l'Université catholique de Porto Alegre ont été l'occasion de maints contacts, année après année, entre les différentes associations nationales, telle ATTAC en France qui fut l'une des premières à se mobiliser sur ce terrain dans la période contemporaine. Un groupe de travail était à l'œuvre au sein de son conseil scientifique dès 1999, qui donna la publication d'un premier ouvrage en 2000, suivi d'un autre sur la criminalité économique et financière deux ans plus tard [ATTAC, 2000 ; Syndicat de la magistrature et ATTAC, 2002] et qui servirent de base à une activité régulière de conférences à travers la France. Dans le même temps, deux groupes locaux (Sud-Luberon et Romans) continuent d'alimenter l'association en idées, informations et campagnes militantes, en particulier quant au rôle des banques françaises dans les paradis fiscaux. Après une période où le sujet a paru perdre de l'importance, il a de nouveau fait l'objet d'une mobilisation à partir de février 2006, plusieurs associations (Secours catholique, CCFD, Survie, ATTAC...) se regroupant pour lancer une plateforme « Paradis fiscaux et judiciaires » dans l'objectif de renforcer l'expertise sur les paradis fiscaux, engager des opérations de plaidoyer auprès des décideurs politiques et économiques et informer l'opinion publique.

La mobilisation sur le sujet, en Europe, a été poussée par l'« appel de Genève », lancé le 1er octobre 1996 par sept juges européens dénonçant leur incapacité à faire correctement leur travail de traque de l'argent sale face au mur d'opacité des paradis fiscaux. En France, les ouvrages et interventions des juges Renaud Van Ruymbeke et Jean de Maillard [*L'Économie politique*, 1999 ; de Maillard, 1998, 2001] ont contribué à entretenir les mobilisations en même temps que les enquêtes parlementaires approfondies et médiatisées de la mission Arnaud Montebourg et Vincent Peillon entre 2000 et 2002.

Selon Moisés Naím [2005, p. 201-208], la mobilisation des acteurs de la société civile joue un rôle important dans la lutte contre les pratiques financières illicites attribuées aux paradis fiscaux. Contrairement aux États, leur intervention peut se jouer des frontières en termes de collecte d'informations, de diffusion d'idées et de mise en évidence publique et médiatique des comportements condamnables. Leurs contraintes sont celles de leurs ressources financières, souvent liées aux modes du moment, et leur incapacité à changer eux-mêmes les choses.

Néanmoins, leurs interventions semblent avoir un certain effet. Dans les pays anglo-saxons, les analyses et prises de position d'un mouvement comme celui du Tax Justice Network (TJN), dont les prémices sont apparues en 2002 et qui a été officiellement créé seulement en 2004, font déjà régulièrement l'objet de reprise de presse. L'association s'est vite inscrite comme un acteur reconnu du débat public outre-Manche et sert de plus en plus de point de ralliement aux différentes mobilisations qui émergent un peu partout dans le monde. Son efficacité tient, d'un côté, au fait que ses animateurs sont des professionnels reconnus de la fiscalité et, de l'autre, à leur ciblage des actions délictueuses aussi bien des acteurs privés (ce que ne faisait pas la politique publique des listes noires) que des acteurs publics.

Cette mobilisation semble bénéficier de celle qui s'est effectuée autour de la responsabilité sociale des entreprises. Un sondage réalisé fin 2005 auprès de 223 directeurs financiers britanniques indiquait que, pour 57 % d'entre eux, les pratiques d'évitement de l'impôt comportaient une dimension éthique. Au même moment, une enquête du cabinet d'audit KPMG auprès des 250 premières multinationales mondiales soulignait que les questions fiscales étaient en train de changer de nature aux yeux du grand public (c'est-à-dire aussi des clients) pour prendre une dimension morale, éthique et sociale. Alors que la politique du *name and shame* a eu l'efficacité que l'on sait lorsqu'elle visait les pays, il semble qu'elle puisse être plus efficace lorsqu'elle touche les entreprises. On en a un signe évident dans le fait que les quatre grands cabinets de conseil, KPMG, Ernst & Young, Deloitte et PricewarterhouseCoopers ont publié des documents en 2005 soulignant le risque de mauvaise réputation croissant auquel sont confrontées les entreprises dont les pratiques fiscales douteuses sont exposées sur la place publique [Sullivan, 2005].

À tel point que la différence traditionnellement faite entre évasion et fraude fiscale tient de moins en moins aux yeux du public. Et même à ceux des professionnels : Louglin Hickey, responsable du département fiscal de KPMG, a ainsi fait sensation en septembre 2005 en déclarant que « la distinction claire et traditionnelle entre évasion (utiliser des moyens légaux pour réduire son imposition) et fraude (actes illicites) n'est pas assez sophistiquée pour marquer la différence entre des actes convenables et ceux qui ne le sont pas dans une société qui s'appuie sur une coopération entre le public et le privé pour créer de la richesse et réguler les comportements ».

Le même rappelait un peu plus tard combien il était fier que sa société soit présente dans les paradis fiscaux (voir chapitre III) et ajoutait quelques mois plus tard [*Tax Business Magazine*, 2005] que « les fiscalistes sont mal compris. Un processus de rééducation doit être mis en œuvre » ! De même Peter Athanas, PDG de la branche suisse de Ernst & Young, a-t-il déclaré lors d'une table ronde à Davos fin janvier 2006 que « le problème des paradis fiscaux n'est plus un problème si important que ça ». Il ne faut pas croire à une rédemption soudaine des cabinets d'audit. Néanmoins, l'épisode montre que la pression de la société civile sur les acteurs privés peut être une piste sérieuse de mobilisation.

Elle serait d'autant plus efficace si l'ensemble des mouvements pouvait marcher d'un même pas. Cela ne semble pas encore être le cas. Les rencontres dans les Forums sociaux mondiaux tel Porto Alegre ont permis de bâtir des réseaux internationalisés d'activistes, mais également de mettre en évidence des différences d'approche. Les uns ne conçoivent que l'opposition frontale aux acteurs privés utilisant les paradis fiscaux et taxent de compromissions ceux qui croient en la possibilité d'une sorte de « capitalisme autrement » moralisé par l'investissement socialement responsable, la responsabilité sociale des entreprises et la régulation des activités des paradis fiscaux. Une action transfrontière en la matière serait d'autant plus souhaitable qu'elle se situerait au niveau du terrain d'action international des firmes concernées, ce qui aurait bien entendu toutes les chances d'accroître son efficacité.

« Les impôts sont le prix à payer pour une société civilisée, trop de citoyens veulent la civilisation au rabais »,

Henry MORGENTHAU,
ministre des Finances des États-Unis, 1937.

Conclusion

Les origines des paradis fiscaux sont diverses, de même que leurs utilisations, bien plus que ce que leur image traditionnelle ne laisse entendre. Comme toutes les institutions sociales de cette complexité, leurs effets sont ambigus. Ils favorisent la fraude fiscale, le blanchiment d'argent mafieux, la criminalité financière, et réduisent l'autonomie des politiques fiscales des États. Mais ils facilitent aussi nombre de transactions financières (prêts internationaux, assurance, investissements...).

Il est impossible de juger de leur impact quantitatif sur l'économie et la croissance mondiales, non seulement parce qu'ils sont créateurs d'opacité, mais également parce qu'après un siècle de pratiques, individus, firmes et États souverains ont intégré leur existence et adapté, internalisé, leur comportement en conséquence. Ainsi, l'ampleur croissante du phénomène exerce-t-elle une pression à la baisse sur les niveaux d'imposition et de réglementation des États. Certes, tous n'ont pas adopté une stratégie de développement des pratiques offshore comme le Royaume-Uni, l'Irlande ou une multitude de petites îles, mais chacun d'eux doit tenir compte dans la définition de sa politique fiscale de la nécessité de ne pas trop demander à l'impôt, surtout pour la taxation des agents économiques les plus mobiles. Au sein de l'Union européenne à quinze, le taux d'imposition des sociétés a perdu 8 points de pourcentage entre 1995 et 2005 (de 38 % à 30,1 %). La situation est pire dans l'Europe des vingt-cinq où le taux, là aussi, n'a cessé de décroître pour passer de 35 % à 23,3 %. À l'inverse, les données disponibles jusqu'en 2003 montrent que le taux d'imposition des revenus du travail restait stable autour de 37 % (Europe à quinze) ou 36 % (Europe à vingt-cinq). La part, rapportée au PIB, des recettes fiscales issues de l'imposition des bénéfices des sociétés et, plus généralement, de la taxation des plus-values boursières et des dividendes, a néanmoins, sauf rare exception, progressé dans les pays européens au cours des années 1990 et 2000 (et en tendance historique depuis les années 1960). Tout en baissant les taux effectifs d'imposition affichés, les gouvernements cherchent en effet à maintenir quelque peu leurs recettes par un élargissement de l'assiette fiscale sur laquelle portent les taux effectifs (cela passe généralement par une baisse des taux de dépréciation du capital). Pour les années 1990, l'imposition du capital dans les pays de l'OCDE a surtout bénéficié de la bulle boursière et du rythme relativement élevé de croissance (on le confirme en effet-miroir au Japon, où la baisse de ce type de recettes, en pourcentage du PIB et des recettes fiscales totales, suit l'éclatement de la bulle boursière des années 1980 et la déflation). Néanmoins, les États-Unis, historiquement engagés dans une baisse de l'imposition des entreprises — une politique renforcée par le gouvernement Bush depuis 2001 — ont été plus loin que les autres. Selon les dernières statistiques disponibles de l'OCDE, les recettes fiscales issues de l'imposition des bénéfices des sociétés représentaient l'équivalent de 2,1 % du PIB (2,9 % en 1995) et 8,1 % des recettes fiscales (10,3 % en 1995). Dans les deux cas, cela représente environ la moitié du niveau des années 1960, une chute spectaculaire qui n'a pas d'équivalent dans les autres pays développés.

Ceux qui ont refusé de prendre en compte le poids croissant des paradis fiscaux, comme le gouvernement Mitterrand issu de mai 1981, ont vu leurs capitaux s'enfuir en un temps record. Nombre de dirigeants de pays du Sud, notamment en

Amérique latine, ont également subi la pression de leurs élites privées pour la mise en œuvre de politiques pro-business sous peine de voir les fuites de capitaux s'ajouter à leurs difficultés. Même impossible à quantifier, il n'y a aucun doute que le rôle, direct ou indirect, joué par les paradis fiscaux dans la définition de l'économie et des sociétés du XXIe siècle est important.

Quelles politiques publiques contre les paradis fiscaux ?

Après la crise qui a frappé l'Argentine au début des années 2000, la ville de Buenos Aires a décidé en 2003 de bannir tout investissement provenant de sociétés écrans installées dans des paradis fiscaux. La mise en œuvre de cette politique est lente et son impact reste à déterminer [Meinzer, 2005] ; néanmoins, elle montre à la fois la voie politique de lutte contre les paradis fiscaux en même temps que les limites d'une action dans un seul pays.

Un pays du Sud engageant, seul, une action importante contre les paradis fiscaux a toutes les chances de voir les activités qu'il condamne se poursuivre comme si de rien n'était, entreprises et banquiers empruntant des chemins plus indirects pour arriver à leur fin. À l'inverse, une telle politique, si elle était suivie par les États-Unis et l'Union européenne, renverrait les paradis fiscaux à la place marginale qui était la leur dans les années 1950. De ce point de vue, en plus des politiques européennes analysées plus haut, trois évolutions récentes tendent à montrer que les politiques publiques de lutte contre les paradis fiscaux pourraient prendre un nouveau tour.

D'abord, l'idéologie libérale qui a soutenu le mouvement de libéralisation financière internationale et la baisse des recettes fiscales semble commencer à battre de l'aile. Des prises de position symboliques de l'hebdomadaire libéral britannique *The Economist* [2003] en faveur d'une pause dans la libéralisation, aux commentaires théoriques et empiriques du Fonds monétaire international [Prasad, Rogoff, Wei et Kose, 2003] et de la Banque mondiale [Zagha, 2005] sur l'erreur d'avoir cru aux bienfaits innés de cette libéralisation, la mode change.

Ensuite, les pays industrialisés sont contraints d'engager un niveau de dépenses publiques élevé pour développer des systèmes d'éducation, de santé, d'infrastructures, de protection sociale, etc., nécessaires aux territoires souhaitant jouer un rôle de premier plan dans la mondialisation. Du fait des baisses d'impôts mises en œuvre au cours de la dernière décennie, ces dépenses se traduisent par des déficits publics et un poids macroéconomique de l'État croissants. Selon les données du rapport annuel 2005 de la Banque des règlements internationaux, après une période de recherche des équilibres financiers à tout prix, les déficits budgétaires des grands pays industrialisés sont désormais largement au-dessus de leur moyenne historique. Et la partie structurelle de ces déficits, celle qui n'est pas liée aux aléas de la conjoncture, augmente. L'accumulation des déficits entraîne celle de la dette publique, qui ne pourra continuer à progresser au même rythme, comme l'a illustré la médiatisation par le gouvernement du rapport Pébereau sur la dette publique française. Compte tenu du caractère difficilement compressible des dépenses, les États ont besoin de retrouver des ressources de nature fiscale. Au Royaume-Uni, le fisc, sous la pression du ministère des Finances lui réclamant d'éviter de trop grandes fuites de recettes, fait désormais l'objet de plaintes régulières auprès des tribunaux nationaux et de l'Union européenne pour des vérifications « trop zélées » des déclarations individuelles et d'entreprises.

Enfin, selon John Christensen, directeur du secrétariat international de TJN, s'exprimant dans une conférence publique en février 2006, les organisations non gouvernementales mais aussi de nombreux syndicats participent de plus en plus à la mobilisation contre les paradis fiscaux, de même que le sujet commence à attirer le monde de la recherche. Et d'ajouter : « Nous en sommes aujourd'hui dans l'état où en étaient les mouvements de défense de l'environnement il y a vingt ans. Les choses commencent à bouger. »

Les temps semblent donc mûrs pour une action multilatérale… qui ne voit pourtant pas le jour. La raison se trouve dans trois obstacles permanents à une mobilisation politique efficace contre les paradis fiscaux. Le premier obstacle est étatique : les grandes institutions internationales peinent à se mobiliser dans la durée contre les paradis fiscaux car nombre de leurs membres, de la Suisse à l'Irlande en passant par le Royaume-Uni, en sont membres et ont toujours réussi, jusqu'ici, à organiser une résistance efficace. Le deuxième obstacle touche à la complexité des intérêts privés en jeu et à la puissance de frappe politique du monde de la finance, de l'assurance, de l'audit, etc., supporters aux gros moyens de leur cause.

Le dernier obstacle tient à ce que la finance offshore ne repose pas seulement sur l'addition de territoires identifiés comme paradis fiscaux, mais qu'elle est devenue l'une des colonnes vertébrales de l'économie mondiale en développant une pratique particulière du principe de souveraineté politique. L'archipel de territoires que forment collectivement les paradis fiscaux représente en effet une plateforme d'espaces de souveraineté offrant des lieux sous-taxés, sous-régulés, réduisant les « coûts de transaction » de la mondialisation. On peut saisir la fonction de cet archipel en ayant recours à la notion de contrat. Bien que nous ayons pour habitude de considérer les relations de marché comme l'échange d'un bien contre de l'argent, comme l'a montré l'économiste américain John Commons au début du XXe siècle, un marché est mieux décrit par le fait que l'on y échange des droits de propriété. Chaque transaction économique qui se déroule dans l'économie mondiale correspond ainsi à un contrat entre deux « parties prenantes », deux agents économiques, définis juridiquement. En tant que contrat, chaque échange nécessite donc une source de pouvoir qui énonce les droits et devoirs de chaque contractant, précise la nature des contrats et se porte garant de leur application. Ceux-ci ont besoin pour exister d'être localisés dans un espace de souveraineté, un État dans la période contemporaine. Ainsi, une banque, une entreprise, ou même un bateau ou un avion, ainsi que chaque individu doit être « enregistré » et disposer d'une « résidence » dans l'un des États du monde pour pouvoir exister juridiquement et donc économiquement. Un bateau qui n'est enregistré dans aucun État est considéré comme un bateau pirate.

Toute transaction économique, pour exister, est donc soumise au pouvoir de régulation, et de taxation, d'un État. Ce simple fait, combiné avec le développement des technologies de l'information et de la communication, permet à nombre de territoires de s'insérer dans l'économie mondiale en offrant un espace de souveraineté sous-taxé et sous-réglementé. Les lois régissant les transactions économiques ayant été développées à l'intérieur de chaque État, nous avons l'habitude de raisonner comme si la localisation juridique d'une transaction et le lieu où elle se produit sont identiques. Or les avancées technologiques, l'ouverture croissante des marchés et la standardisation progressive des pratiques d'affaires ont ouvert la voie à un découplage croissant entre lieu réel et lieu juridique des transactions dans lequel les paradis fiscaux font leur nid.

Ils sont ainsi devenus à partir des années 1960 et 1970 d'importants, et pour certains d'entre eux, de très importants dépositaires de contrats décalés dans le temps et l'espace des transactions réelles qu'ils représentent. La grande majorité des bateaux qui arborent le drapeau du Liberia n'en a jamais vu les côtes, de même que les îles Vierges, deuxième investisseur en Chine, ne voient pas beaucoup passer d'équipements industriels !

De manière ironique, les territoires offshore n'ont pu devenir des nœuds de réseaux du capitalisme contemporain qu'en s'appuyant sur la reconnaissance croissante du principe de souveraineté des États, à partir de la fin du XIXe siècle. Aujourd'hui comme hier, l'État et la mondialisation du capitalisme, loin d'être opposés, appartiennent au même espace et ne peuvent se comprendre, a-t-on voulu montrer ici, sans étudier ce lieu de rencontres entre gouvernements, multinationales, financiers et criminels qu'est l'économie offshore des paradis fiscaux.

Repères bibliographiques

AGLIETTA M. [2002], « Derrière la débâcle boursière, une folle spirale », *Le Monde*, 2 octobre.

ATTAC [2000], *Les Paradis fiscaux*, Mille et une nuits, Paris.

BAKER R. [2005], *Capitalism's Achilles Heel. Dirty Money and How to Renew the Free-Market System*, John Wiley & Sons, Hoboken.

BOYER R. et SAILLARD Y. [2002], *Théorie de la régulation. L'état des savoirs*, La Découverte, Paris.

BRI [1964], *34e rapport annuel*, juin, Bâle.

— [2003a], « Shell banks and booking offices », Basel Committee on Banking Supervision, janvier, Bâle.

— [2003b], « Parallel-owned banking structures », Basel Committee on Banking Supervision, janvier, Bâle.

— [2005], *75th Annual Report*, juin, Bâle.

BROYER P. [2004], « Le financement de l'hyperterrorisme », *in* FRANÇOIS L., CHAIGNEAU P. et CHESNEY M. (dir.), *Blanchiment et financement du terrorisme*, Ellipses, Paris.

BURN G. [1999], « The State, the City and the Euromarket », *Review of International Political Economy*, vol. VI, n° 2.

CARTIER-BRESSON J. [2002], « Comptes et mécomptes de la mondialisation du crime », *L'Économie politique*, n° 15, 3e trimestre.

CASSARD M. [1994], « The role of offshore centers in international financial intermediation », *IMF Working Paper WP/94/107*, FMI, Washington.

CAVALIER G. A. [2005], « Tax havens and publics international law : the case of the Netherlands Antilles », *Express reprint Series Paperi*, n° 567, The Berkeley Electronic Press.

Chambost E. [2005], *Guide Chambost des paradis fiscaux*, Favre, Lausanne, 8e édition.

Chavagneux C. [2001], « Secret bancaire : une légende helvétique », *Alternatives économiques*, n° 188, janvier.

— [2004], *Économie politique internationale*, La Découverte, « Repères », Paris.

Christensen J. et Hampton M. P. [1999], « A legislature for hire : the capture of the state in Jersey's offshore finance centre », *in* M. P. Hampton et Abbott J. P. (dir.), *Offshore Finance Centers and Tax Havens*, MacMillan, Londres.

CNUCED [2005], *World Investment Report 2005*, Genève.

Congressional Budget Office (CBO) [2005], « Why does us investment abroad earn higher returns than foreign investment in the United States ? », *CBO Economic and Budget Issue Brief*, 30 novembre.

Cori N. [2005], *De la grandeur au gouffre, comprendre les scandales financiers*, Lignes de Repères, Gambais.

Crawford J.-A. et Fiorentino R. [2005], « The changing landscape of regional trade agreements », *WTO Discussion Paper*, n° 8.

Diamond W. et Diamond D. [1998], *Tax Havens of the World*, Matthew Bender Books, New York.

Doggart C. [1997], *Tax Havens and their Uses*, EIU, Londres.

Dupuis-Danon M. C. [2004], *Finance criminelle*, PUF, « Criminalité internationale », Paris, 2e édition.

Einzig P. [1964], *The Euro-Dollar System. Practice and Theory of International Interest Rates*, MacMillan, Londres.

Evans N. [2002], « Bermuda : the new standard setter ? », *Euromoney*, janvier.

Fehrenbach T.-R. [1966], *Les Banques suisses*, Le Seuil, Paris.

Finch J. [2004], « Be fair plea as tax loopholes targeted », *The Guardian*, 18 mars.

Godefroy T. et Lascoumes P. [2004], *Le Capitalisme clandestin. L'illusoire régulation des places offshore*, La Découverte, Paris.

Gordon R. [1981], *Tax Havens and their Use by United States Taxpayers : An Overview*, US Department of the Treasury, Washington.

Gorton G. et Souleles N. S. [2005], « Special purpose vehicles and securization », *Federal Reserve Bank of Philadelphia Working Papers*, n° 05-21, Philadelphie.

Guex S. [1999], « Les origines du secret bancaire suisse et son rôle dans la politique de la confédération au sortir de la Seconde Guerre mondiale », *Genèses*, n° 34, mars.

Heilleiner E. [1994], *States and the Reemergence of Global Finance. From Bretton Woods to the*

1990s, Cornell University Press, Ithaca.

Hug P. [2000], « Les vraies origines du secret bancaire, démontage d'un mythe », *Le Temps*, 27 avril.

Johns R. A. [1983], *Tax Havens and Offshore Finance : A study of Transnational Economic Development*, St. Martin Press, New York.

Kapstein E. B. [1994], *Governing the Global Economy : International Finance and the State*, Harvard University Press, Cambridge.

Koutouzis M. et Thony J.-F. [2005], *Le Blanchiment*, PUF, « Que sais-je ? », Paris.

Kynaston D. [2001], *The City of London. A Club no More, 1945-2000*, Chatto & Windus, Londres.

KPMG [2005], *Transfer Pricing Surveys 2005-2006*, KPMG.

L'Économie politique [1999], *Les Paradis fiscaux*, n° 4, 4e trimestre.

— [2002], *Mafias, banques, paradis fiscaux : la mondialisation du crime*, n° 15, 3e trimestre.

Levin C. [2003], *The US Tax Shelter Industry. The Role of Accountants, Lawyers and Financial Professionals*, novembre, http://levin.senate.gov/.

— [2001], « Correspondent banking : a gateway for money laundering », *in Hearing records*, vol. 1 « Role of US correspondent banking in international money laundering », 1, 2 et 6 mars, http://levin.senate.gov/.

Maillard J. de [1998], *Un monde sans loi. La criminalité financière en image*, Stock, Paris.

— [2001], *Le Marché fait sa loi. De l'usage du crime par la mondialisation*, Mille et une nuits, Paris.

Maurer B. [1998], « Cyberspatial sovereignties : offshore finance, digital cash, and the limits of liberalism », *Indiana Journal of Global Legal Studies*, n° 5.

McCarthy C. [2005], *Speech*, FSA Financial Crime Conference, 15 novembre.

McCauley R. [2005], « Distinguishing global dollar reserves from official holdings in the United States », *BIS Quarterly Review*, septembre.

McLure C. [1997], « Electronic commerce, state sales taxation and intergovernmental fiscal relations », *National Tax Journal*, vol. 1.

Meinzer M. [2005], « Buenos Aires bans investment from offshore companies », *Tax Justice Focus*, vol. 1, n° 2, juin.

Morgenthau H. [2003], « Note du Trésor sur la fraude et l'évasion fiscales », *L'Économie politique*, n° 19, juillet.

Naím M. [2005], *Illicit. How Smugglers, Traffickers, and Copycats are Hijacking the Global Economy*, Doubleday, New York.

Naylor T. [1987], *Hot Money and the Politics of Debt*, Unwin Hyman, Londres.

— [2002], *Wages of Crime. Black Markets, Illegal Finance and the Underworld Economy*, Cornell University Press, Ithaca.

NOVACK J. et SAUNDERS L. [1998], « The hustling of rated shelters », *Forbes*, 14 décembre.

NUSSBAUM A. [1946], *A Concise History of the Law of Nations*, MacMillan, New York.

OCDE [2001], *Behind the Corporate Veil. Using Coprorate Entities for Illicit Purposes*, OCDE.

OLSON P. [2002], « Testimony of Pamela Olson before the House Committee on ways and means on corporate inversion transactions », *Office of Public Affairs*, US Treasury.

PACK S. J. et ZDANOWICZ J. S. [2002], *US Trade with the World. An Estimate of 2001 Lost US Federal Income Tax Revenues Due to Over-invoiced Imports and Under-invoiced Exports*, étude pour le sénateur Byron Dorgan.

PALAN R. [2003], *The Offshore World. Sovereign Markets, Virtual Places, and Nomad Millionaires*, Cornell University Press, Ithaca.

PEILLON V. et MONTEBOURG A. [2000], « La Principauté du Liechtenstein : paradis des affaires et de la délinquance financière », *Rapport d'information de l'Assemblée nationale*, n° 2311, 18/2000.

— [2001], « La Cité de Londres, Gibraltar et les Dépendances de la Couronne : des centres offshore, sanctuaires de l'argent sale », *Rapport d'information de l'Assemblée nationale*, n° 2311, 52/2001.

PIERRAT J. [2003], *Une histoire du milieu. Grand banditisme et haute pègre en France de 1850 à nos jours*, Denoël, Paris.

PICCIOTTO S. [1992], *International Business Taxation*, Quorum Books, New York.

— [1999], « La naissance de l'offshore, les paradis fiscaux et le système international », *L'Économie politique*, n° 4, 4e trimestre.

PRASAD E., ROGOFF K., WEI S.-J. et KOSE M. A. [2003], « Effects of financial globalization on developing countries : some empirical evidence », IMF.

RADAELLI C. M. et KRAEMER U. S. [2005], *The Rise and Fall of Governance Legitimacy : The Case of International Direct Taxation*, non publié.

ROBBÉ J.-P. [1997], « Multinational enterprises : the constitution of a pluralist legal order », *in* TEUBNER G. (dir.), *Global Law without a State*, Aldershot, Darthmouth.

ROBERT D. [2002], *La Boîte noire*, Les Arènes, Paris.

ROBERT D. et BACKES E. [2001], *Révélation*, Les Arènes, Paris.

SASSEN S. [1996], *Losing Control ? Sovereignty in the Age of Globalization*, Columbia University Press, New York.

SCPC [2005], « Rapport d'activité pour l'année 2004 », Service central de la prévention de la corruption, mai.

SLEMROD J. [2004], « The economics of corporate tax selfishness », *NBER Working Paper*, n° 10858, octobre.

STEP JOURNAL [2004], *Step Survey 2004.*

STEWART J. [1996], « Cleaning up offshore », *Euromoney*, avril.

STRANGE S. [1996], *The Retreat of the State. The Diffusion of Power in the World Economy*, Cambride University Press, Cambridge.

— [1998], *Mad Money*, Manchester University Press, Manchester.

SULLIVAN M. A. [2005], « Reputation or lower taxes ? », *Tax Notes*, 29 août.

SYNDICAT DE LA MAGISTRATURE et ATTAC [2002], *En finir avec la criminalité économique et financière*, Mille et une nuits, Paris.

TAX BUSINESS MAGAZINE [2005], *The Power List*, novembre/décembre.

TAX JUSTICE NETWORK [2005], *Taxez-nous si vous pouvez*, septembre, disponible sur www.taxjustice.net.

THE ECONOMIST [2003], « A cruel see of capital. A survey of global finance », 3 mai.

TONIOLO G. (avec l'aide de CLEMENT P.) [2005], *Central Bank Cooperation at the Bank for International Settlements, 1930-1973*, Cambridge University Press, Cambridge.

VERNAY A. [1968], *Les Paradis fiscaux*, Le Seuil, Paris.

WEINER J. M. [2005], « Formulary apportionment and group taxation in the European Union : insights from the United States and Canada », *Taxation Papers, Working Papers*, n° 8, mars.

ZAGHA R. (dir.) [2005], *Economic Growth in the 1990s : Learning from a Decade of Reform*, Banque mondiale.

ZUILL L. [2005], « Bermuda lags behind Cayman as hedge fund domicile », *The Royal Gazette*, 21 septembre.

Table des matières

Collection

R E P È R E S

dirigée par

JEAN-PAUL PIRIOU (de 1987 à 2004), *puis par* PASCAL COMBEMALE,

avec STÉPHANE BEAUD, ANDRÉ CARTAPANIS, BERNARD COLASSE, FRANÇOISE DREYFUS, YANNICK L'HORTY, PHILIPPE LORINO, DOMINIQUE MERLLIÉ, CHRISTOPHE PROCHASSON, MICHEL RAINELLI et YVES WINKIN.

ÉCONOMIE

Allocation universelle (L'), n° 412, Philippe Van Parijs et Yannick Vanderborght.

Balance des paiements (La), n° 359, Marc Raffinot et Baptiste Venet.

Bourse (La), n° 317, Daniel Goyeau et Amine Tarazi.

Budget de l'État (Le), n° 33, Maurice Baslé.

Calcul économique (Le), n° 89, Bernard Walliser.

Capitalisme financier (Le), n° 356, Laurent Batsch.

Capitalisme historique (Le), n° 29, Immanuel Wallerstein.

Chômage (Le), n° 22, Jacques Freyssinet.

Commerce international (Le), n° 65, Michel Rainelli.

Comptabilité nationale (La), n° 57, Jean-Paul Piriou.

Concurrence imparfaite (La), n° 146, Jean Gabszewicz.

Consommation des Français (La) :
1. n° 279 ;
2. n° 280, Nicolas Herpin et Daniel Verger.

Coût du travail et emploi, n° 241, Jérôme Gautié.

Croissance et richesse des nations, n° 419, Pascal Petit.

Démographie (La), n° 105, Jacques Vallin.

Développement soutenable (Le), n° 425, Franck-Dominique Vivien.

Développement économique de l'Asie orientale (Le), n° 172, Éric Bouteiller et Michel Fouquin.

Dilemne du prisonnier (Le), n° 451, Nicolas Eber.

Économie des changements climatiques, n° 414, Sylvie Faucheux et Haitham Joumni.

Économie bancaire, n° 268, Laurence Scialom.

Économie britannique depuis 1945 (L'), n° 111, Véronique Riches.

Économie chinoise (L'), n° 378, Françoise Lemoine.

Économie de l'Afrique (L'), n° 117, Philippe Hugon.

Économie de l'éducation, n° 409, Marc Gurgand.

Économie de l'environnement, n° 252, Pierre Bontems et Gilles Rotillon.

Économie de l'euro, n° 336, Agnès Benassy-Quéré et Benoît Cœuré.

Économie française 2006 (L'), n° 427, OFCE.

Économie de l'innovation, n° 259, Dominique Guellec.

Économie de la connaissance (L'), n° 302, Dominique Foray.

Économie de la culture (L'), n° 192, Françoise Benhamou.

Économie de la distribution, n° 372, Marie-Laure Allain et Claire Chambolle.

Économie de la drogue, n° 213, Pierre Kopp.

Économie de la firme, n° 361, Bernard Baudry.

Économie de la propriété intellectuelle, n° 375, François Lévêque et Yann Ménière.

Économie de la qualité, n° 390, Bénédicte Coestier et Stéphan Marette.

Économie de la réglementation (L'), n° 238, François Lévêque.

Économie de la RFA (L'), n° 77, Magali Demotes-Mainard.

Économie de la Russie (L'), n° 436, François Benaroya.

Économie de l'Inde (L'), n° 443, Jean-Joseph Boillot.

Économie des États-Unis (L'), n° 341, Hélène Baudchon et Monique Fouet.

Économie des fusions et acquisitions, n° 362, Nathalie Coutinet et Dominique Sagot-Duvauroux.

Économie des inégalités (L'), n° 216, Thomas Piketty.

Économie des logiciels, n° 381, François Horn.

Économie des organisations (L'), n° 86, Claude Menard.

Économie des relations interentreprises (L'), n° 165, Bernard Baudry.

Économie des réseaux, n° 293, Nicolas Curien.

Économie des ressources humaines, n° 271, François Stankiewicz.

Économie des ressources naturelles, n° 406, Gilles Rotillon.

Économie du droit, n° 261, Thierry Kirat.

Économie du Japon (L'), n° 235, Évelyne Dourille-Feer.

Économie du risque pays, n° 421, Nicolas Meunier et Tania Sollogoub.

Économie du sport (L'), n° 309, Jean-François Bourg et Jean-Jacques Gouguet.

Économie et écologie, n° 158, Franck-Dominique Vivien.

Économie expérimentale (L'), n° 423, Nicolas Eber et Marc Willinger.

SOCIOLOGIE

Sociologie des chômeurs, n° 173, Didier Demazière.

Sociologie des comportements sexuels, n° 221, Maryse Jaspard.

Sociologie des employés, n° 142, Alain Chenu.

Sociologie des entreprises, n° 210, Christian Thuderoz.

Sociologie des mouvements sociaux, n° 207, Erik Neveu.

Sociologie des organisations, n° 249, Lusin Bagla.

Sociologie des pratiques culturelles, n° 418, Philippe Coulangeon.

Sociologie des publics, n° 366, Jean-Pierre Esquenazi.

Sociologie des relations professionnelles, n° 186, Michel Lallement.

Sociologie des réseaux sociaux, n° 398, Pierre Mercklé.

Sociologie des syndicats, n° 304, Dominique Andolfatto et Dominique Labbé.

Sociologie du crime (La), n° 435, Philippe Robert.

Sociologie du droit, n° 282, Évelyne Séverin.

Sociologie du sida, n° 355, Claude Thiaudière.

Sociologie du sport, n° 164, Jacques Defrance.

Sociologie du travail (La), n° 257, Sabine Erbès-Seguin.

Sociologie économique (La), n° 274, Philippe Steiner.

Sociologie et anthropologie de Marcel Mauss, n° 360, Camille Tarot.

Sondages d'opinion (Les), n° 38, Hélène Meynaud et Denis Duclos.

Syndicalisme enseignant (Le), n° 212, Bertrand Geay.

Système éducatif (Le), n° 131, Maria Vasconcellos.

Théories sociologiques de la famille (Les), n° 236, Catherine Cicchelli-Pugeault et Vincenzo Cicchelli.

Travail et emploi des femmes, n° 287, Margaret Maruani.

Travailleurs sociaux (Les), n° 23, Jacques Ion et Bertrand Ravon.

Urbanisme (L'), n° 96, Jean-François Tribillon.

Violences contre les femmes (Les), n° 424, Maryse Jaspard.

SCIENCES POLITIQUES-DROIT

Aménagement du territoire (L'), n° 176, Nicole de Montricher.

Collectivités locales (Les), n° 242, Jacques Hardy.

Constitutions françaises (Les), n° 184, Olivier Le Cour Grandmaison.

Construction européenne (La), n° 326, Guillaume Courty et Guillaume Devin.

Décentralisation (La), n° 44, Xavier Greffe.

DOM-TOM (Les), n° 151, Gérard Belorgey et Geneviève Bertrand.

Droits de l'homme (Les), n° 333, Danièle Lochak.

Droit du travail (Le), n° 230, Michèle Bonnechère.

Droit international humanitaire (Le), n° 196, Patricia Buirette.

Droit pénal, n° 225, Cécile Barberger.

Économie politique internationale, n° 367, Christian Chavagneux.

Évaluation des politiques publiques (L'), n° 329, Bernard Perret.

Femmes dans la vie politique (Les), n° 455, Catherine Achin et Sandrine Lévêque.

Fonction publique (La), n° 189, Luc Rouban.

Gouvernance de la mondialisation (La), n° 403, Jean-Christophe Graz.

Groupes d'intérêt (Les), n° 453, Guillaume Courty.

Histoire de l'administration, n° 177, Yves Thomas.

Histoire des idées politiques en France au XIXe siècle, n° 243, Jérôme Grondeux.

Histoire des idées socialistes, n° 223, Noëlline Castagnez.

Histoire du Parti communiste français, n° 269, Yves Santamaria.

Introduction à la philosophie politique, n° 197, Christian Ruby.

Introduction au droit, n° 156, Michèle Bonnechère.

Islam (L'), n° 82, Anne-Marie Delcambre.

Justice en France (La), n° 116, Dominique Vernier.

Nouvelle Constitution européenne (La), n° 380, Jacques Ziller.

ONG (Les), n° 386, Philippe Ryfman.

ONU (L'), n° 145, Maurice Bertrand.

Philosophie de Marx (La), n° 124, Étienne Balibar.

Politique de la famille (La), n° 352, Jacques Commaille, Pierre Strobel et Michel Villac.

Postcommunisme en Europe (Le), n° 266, François Bafoil.

Régime politique de la Ve République (Le), n° 253, Bastien François.

Régimes politiques (Les), n° 244, Arlette Heymann-Doat.

Sociologie historique du politique, n° 209, Yves Déloye.

Sociologie des relations internationales, n° 335, Guillaume Devin.

Sociologie de la vie politique française, n° 402, Michel Offerlé.

Sociologie du phénomène Le Pen, n° 428, Jacques Le Bohec.

Syndicalisme en France depuis 1945 (Le), n° 143, René Mouriaux.

Théories de la république (Les), n° 399, Serge Audier.

Union européenne (L'), n° 170, Jacques Léonard et Christian Hen.

HISTOIRE

GESTION

CULTURE-COMMUNICATION

Argumentation dans la communication (L'), n° 204, Philippe Breton.

Bibliothèques (Les), n° 247, Anne-Marie Bertrand.

Culture de masse en France (La) :
1. 1860-1930, n° 323, Dominique Kalifa.

Diversité culturelle et mondialisation, n° 411, Armand Mattelart.

Économie de la presse, n° 283, Patrick Lefloch et Nathalie Sonnac.

Histoire sociale du cinéma français, n° 305, Yann Darré.

Histoire de la société de l'information, n° 312, Armand Mattelart.

Histoire des théories de l'argumentation, n° 292, Philippe Breton et Gilles Gauthier.

Histoire des théories de la communication, n° 174, Armand et Michèle Mattelart.

Histoire de la philosophie, n° 95, Christian Ruby.

Industrie des médias (L'), n° 439, Jean Gabszewicz et Nathalie Sonnac.

Introduction aux sciences de la communication, n° 245, Daniel Bougnoux.

Introduction aux *Cultural Studies*, n° 363, Armand Mattelart et Érik Neveu.

Marché de l'art contemporain (Le), n° 450, Nathalie Moureau et Dominique Sagot-Duvauroux.

Médias en France (Les), n° 374, Jean-Marie Charon.

Mondialisation de la culture (La), n° 260, Jean-Pierre Warnier.

Musée et muséologie, n° 433, Dominique Poulot.

Presse des jeunes (La), n° 334, Jean-Marie Charon.

Presse magazine (La), n° 264, Jean-Marie Charon.

Presse quotidienne (La), n° 188, Jean-Marie Charon.

Programmes audiovisuels (Les), n° 420, Benoît Danard et Remy Le Champion.

Psychanalyse (La), n° 168, Catherine Desprats-Péquignot.

Révolution numérique et industries culturelles, n° 408, Alain Le Diberder et Philippe Chantepie.

Sociologie du journalisme, n° 313, Erik Neveu.

Télévision (La), n° 405, Régine Chaniac et Jean-Pierre Jézéquel.

Tests d'intelligence (Les), n° 229, Michel Huteau et Jacques Lautrey.

Classiques

R E P È R E S

La formation du couple. *Textes essentiels pour la sociologie de la famille*, Michel Bozon et François Héran.

Un sociologue à l'usine, Donald Roy.

Dictionnaires

R E P È R E S

Dictionnaire de gestion, Élie Cohen.

Dictionnaire d'analyse économique, *microéconomie, macroéconomie, théorie des jeux, etc.*, Bernard Guerrien.

Guides

R E P È R E S

L'art de la thèse. *Comment préparer et rédiger un mémoire de master, une thèse de doctorat ou tout autre travail universitaire à l'ère du Net*, Michel Beaud.

Comment se fait l'histoire. *Pratiques et enjeux*, François Cadiou, Clarisse Coulomb, Anne Lemonde et Yves Santamaria.

La comparaison dans les sciences sociales. *Pratiques et méthodes*, Cécile Vigour.

Les ficelles du métier. *Comment conduire sa recherche en sciences sociales*, Howard S. Becker.

Guide de l'enquête de terrain, Stéphane Beaud et Florence Weber.

Guide des méthodes de l'archéologie, Jean-Paul Demoule, François Giligny, Anne Lehoërff et Alain Schnapp.

Guide du stage en entreprise, Michel Villette.

Manuel de journalisme. *Écrire pour le journal*, Yves Agnès.

Voir, comprendre, analyser les images, Laurent Gervereau.

Manuels

R E P È R E S

Comprendre le monde. *Une introduction à l'analyse des systèmes-monde*, Immanuel Wallerstein.

Analyse macroéconomique 1.

Analyse macroéconomique 2.
17 auteurs sous la direction de Jean-Olivier Hairault.

L'explosion de la communication. *Introduction aux théories et aux pratiques de la communication*, Philippe Breton et Serge Proulx.

Une histoire de la comptabilité nationale, André Vanoli.

Histoire de la psychologie en France. XIXe-XXe siècles, J. Carroy, A. Ohayon et R. Plas.

La mondialisation de l'économie. *Genèse et problèmes*, Jacques Adda.

Composition Facompo, Lisieux (Calvados)
Achevé d'imprimer en mai 2006 sur les presses de l'imprimerie
Europe Media Duplication à Lassay-les-Châteaux (Mayenne)
Dépôt légal : mai 2006
N° de dossier :15458

Imprimé en France